네오위즈의 인사관리

서울대학교 경영연구소
기업경영사 연구총서 27

네오위즈의 인사관리

펴낸곳 서울대학교출판문화원
펴낸이 이장무
지은이 김성수

초판 1쇄 인쇄 2010년 2월 25일
초판 1쇄 발행 2010년 2월 28일
출판등록 제15-3호

주소 서울 관악구 관악로 599 우편번호 151-742
대표전화 02-880-5252 **팩스** 02-888-4148
마케팅팀(주문상담) 02-889-4424, 02-880-7995
이메일 snubook@snu.ac.kr
홈페이지 www.snupress.com
영문홈페이지 eng.snupress.com

ISBN 978-89-521-1091-6 94320
세트 978-89-521-1016-9

본 연구총서는 서울대학교 발전기금 연구비 및
서울대학교 경영연구소 연구비 지원에 의하여 이루어졌음.

서울대학교 경영연구소 기업경영사 연구총서 27

네오위즈의 인사관리

김성수 지음

서울대학교출판문화원

Streategic HRM at Neowiz

Seongsu Kim

Seoul National University Press

머리말

지난 15년간 인터넷 산업은 비약적인 성장을 거듭해 왔다. 치열한 경쟁 속에 많은 기업이 명멸했지만 그중 가장 관심을 받는 기업 중 하나는 네오위즈라 할 수 있다. 네오위즈는 작은 기업으로 출발하여 급변하는 인터넷 산업 환경 속에서 지속적인 혁신을 이룩한 기업이기 때문이다. 창업 초기에는 인터넷 콘텐츠 생산기업이었으나 곧 인터넷 접속 프로그램 개발기업으로 성공적인 변신을 하였다. 이후 경쟁기업이 출현하고 시장의 성숙도가 높아지자 온라인커뮤니티 서비스 제공기업으로 커다란 변신을 하여 성공하였다. 그 후 점차로 사업의 수익성과 성장성이 예전과 같지 않게 낮아지자 네오위즈는 온라인게임 개발 및 퍼블리셔로서 다시 한 번 커다란 변신을 시도하여 성공시켜 왔다. 현재 네오위즈는 국내외 11개 자회사를 거느린 지주회사로 성장했으며, 핵심계열사인 네오위즈게임즈의 경우 2010년 2월 현재 시가총액이 8,800억 원을 넘어섰으며 네오위즈와 합할 경우 시가총액이 1조 원을 넘어선 거대기업으로 성장하였다.

네오위즈가 이렇게 성공적으로 변신을 거듭한 데에는 여러 가지 요인이 있다. 정교한 사업 및 마케팅 전략, 시장 변화에 대한 기민한 대응, 차별화되고 품질 높은 서비스, 성공적인 M&A 및 전략적 제휴 등이 그러한 성공 요인들의 일부다.

하지만 보다 근본적으로 이러한 여러 요인이 제대로 실행되어 사업의 성공을 낳기 위해서는 헌신적이고 창의적인 '사람'들의 역할이 가장 중요하다. 네오위즈의 초기 사업이었던 인터넷 접속 프로그램 원클릭은 출시하자마자 엄청난 시장 경쟁에 직면하여 출시 2년 이후부터는 시장점유율과 성장이 하락세를 걷기 시작했다. 온라인커뮤니티 세이클럽도 출시 이후 싸이월드, 다음카페, 네이버카페 등 다양한 서비스와 경쟁했으며, 지속적으로 혁신적인 서비스를 제시하지 않으면 경쟁에서 도태될 수밖에 없었다. 온라인게임도 마찬가지여서, 게이머들의 눈높이는 높아지고 취향은 날이 갈수록 다양해져서 끊임없이 새로운 게임을 출시하지 않으면 역시 생존이 위협받게 되었다.

이러한 인터넷 산업 하에서 사전적으로 정교하게 작성된 전략이 실제 최적의 행동을 가이드할 수는 없다. 오히려 시장의 반응을 세밀히 살피면서 그에 적합하게 대응해 나가는 적응력이 보다 중요한 요인이 되었다. 즉, '전략'보다 '실행'이 더욱 핵심적인 성공요인이며 실행이 성공적이기 위해서는 몰입도 높고 창의적인 '사람'의 역할이 가장 중요하다.

이 책에서는 네오위즈의 인사시스템이 어떻게 구성원들을 동기부여하는지, 어떻게 구성원들이 전사적인 의사결정에 참여할 기회를 제공하고 있는지, 그리고 어떻게 구성원에게 교육훈련을 제공하고 있는지를 자세히 설명하였다. 이 책을 통하여 앞으로 한국기업이 세계 시장에서 혁신의 선도자로 우뚝서서 세계 경제를 이끌어 가는 강력한 선도 기업이 되는 데 조그마한 도움이라도 되기를 바란다.

2010년 2월

관악 캠퍼스 연구실에서

김성수

차 례

제Ⅲ장 네오위즈의 비전과 전략

제Ⅳ장 네오위즈의 서비스 현황 및 신규 서비스 개발

제 V 장 네오위즈의 인사시스템

표차례

그림차례

제 I 장

인터넷산업의 현주소

한국 인터넷산업은 짧은 역사에도 불구하고 큰 성장을 이루어 왔다. 본 장에서는 인터넷산업의 역사를 개괄한 후 인터넷산업의 특징을 살펴보고, 대표적인 국내외 인터넷 기업들의 현황도 아울러 살펴본다.

1 인터넷산업의 역사[1)]

1) 도입기(1980년대)

우리나라 인터넷의 시작은 1982년 서울대학교의 인터넷과 전남대학교와 구미의 전자기술연구소를 TCP/IP로 연결한 것에서 시작된 것으로 알려지

1) 한국인터넷진흥원의 『2008 한국인터넷백서』라는 책의 내용과 사이버인터넷역사박물관 (http://www.i-museum.or.kr)의 내용을 수정하여 정리하였다.

고 있다. 이후 KAIST에도 연결되는 등 1987년까지 총 20여 개 기관이 SDN으로 연결되었다. 1986년에는 IP 주소(128.134.0.0)이 국내 최초로 배정되었으며, 1989년에는 교육망(KREN), 연구망(KREONet)이 탄생하게 되었다.

도입기에 등장한 주요 서비스들을 살펴보면 다음과 같다. 우선, 1982년에 최초로 인터넷 접속이 이루어졌으며, 1983년에는 정보검색 서비스가 제공되었다. 이후 데이콤에 의해 전자우편 서비스가 개시되었으며, PC 통신

〈그림 I-1〉 도입기의 국내 인터넷 인프라, 서비스, 정책

인프라	서비스	정책
1981~1984		
1982 • SDN(국내인터넷) 구축 (서울대-한국전자기술연구소) 1983 • SDN-UUCPNet/AsiaNet/EUNET(기술, 학술정보교환망) 연결 • 공중전화망(PSTN)데이터 서비스 개시 • 해외공중통신망 (Public Data Network) 개통 1984 • SDN-CSNET(정보과학연구망) 연결 • 공중정보통신망(PSDN) DACOM-Net 최초 개통	1983 • 정보검색 서비스 제공 1984 • 상용 전자우편 서비스 제공(데이콤)	1981 • 한국전기통신공사 설립 1982 • 한국데이터통신(주) 설립 • 제1차 행정전산화 기본계획 수립 1983 • 전기통신기본법 제정(정보통신용어 최초 사용) • 국가기간전산망 사업계획 수립 1984 • 국가기간전산망조정위원회 구성
1985~1989		
1985 • SDN-PACNET(아태지역 학술연구망) 연결 1986 • IP주소(128.134.0.0) 국내 최초 배정 • 국가도메인(.kr) 도입 1988 • SDN-MHSNET(학술용망) 연결 1989 • 교육망(KREN), 연구망(KREONet) 탄생 SDN-HAN망 구축(한국통신)	1985 • 한글 전자우편 서비스 제공 • PC통신 서비스 개시(데이콤) 1987 • 전자사서함(H-Mail)서비스 제공 • PC뱅킹 서비스 개시 1988 • PC통신 상용서비스 개시(천리안) • 사설게시판(The FIRST) 등장 • 바이러스(Brain) 최초 국내 침투 및 백신개발 • EDI 서비스 개시(데이콤)	1985 • 행정전산망 추진계획 수립 • 국제 최초 컴퓨터 네트워크 관련 학술대회(PCCS) 개회 1986 • 전산망 보급확장과 이용촉진에 관한 법률 제정 1987 • 한국전산원 개원 • 제1차 국가기간전산망 기본계획 수립 • 전산망조정위원회 구성

자료: 사이버인터넷역사박물관(http://www.i-museum.or.kr/)

서비스도 도입되었다. 1988년에는 천리안이라는 PC 통신 서비스가 상용화되었다. 이때 또한 바이러스가 최초로 국내에 침투하였고, 이를 막기 위한 백신도 개발되었다. PC 뱅킹 서비스도 이 무렵 개시되었다.

2) 확산기(1990년대)

SDN은 1990년대에 들어 세계의 인터넷과 연결되었다. 우리나라는 1990년 4월 KAIST에서 인공위성을 통해 미국 하와이대학과 56Kbps 전용선으로 연결되었다. 당시 SDN에 참여했던 기관들이 하나(HANA)라는 기구를 설립하였고, 이때부터 SDN을 국내망으로 인터넷에 연결된 망을 하나망이라고 부르게 되었다.

또한 정부는 정보화 시대에 대비하기 위해 '국가기간전산망사업'을 지속적으로 추진해 왔다. 1986년 관련법이 제정된 이후, 행정망, 금융망, 교육연구망 등 다양한 전산망 구축 사업이 진행되어 왔다. 다만, 이들 사업들은 인터넷과는 큰 관련성이 없었으며 대신 전산화와 전산교육에 초점이 맞추어져 있었다. 어떻든 1993년에 행정종합정보망이 개통되기에 이른다.

이후 한국통신, 데이콤, 아이네트 등 상용 ISP(Internet Service Provider)가 등장하게 되었고, PC를 통해 인터넷에 접속하는 것이 가능해졌다. 1996년에는 ISDN 공중망이 개통되었으며 다음해 초고속국가망 인터넷 서비스가 시작되었다. 이 무렵 PC 통신 가입자 수는 300만 명을 돌파하게 된다. 1999년에는 인터넷 이용자수가 1,000만 명을 돌파하는 기록을 세우게 된다.

1990년대에 등장한 인터넷 서비스를 살펴보면 다음과 같다. 우선, 1991년에 주민등록등본을 온라인으로 발급하는 서비스가 개시되었으며, 1993년에 우리나라 최초의 웹 사이트가 개설되었다(cair.kaist.ac.kr). 1994년 한국통신에 의해 최초로 인터넷 상용서비스가 개시된 이후 텍스트 기반 머드게임이 최초로 등장하였고, 청와대 등 정부기관의 홈페이지가 속속 개설되기에 이른다. 1995년에 'WWW' 서비스가 개시되고 인터넷 카페가 개설되었으며 중앙일보와 KBS에 의해 최초로 인터넷신문과 방송 서비스가 개시되었다.

〈그림 I-2〉 확산기의 국내 인터넷 인프라, 서비스, 정책

인프라	서비스	정책
	1990~1993	
1990 • SDN-HANA망 미국과 IP 기반 인터넷 연결 1993 • 행정종합정보망 개통	1991 • 주민등록등본 온라인 발급 서비스 개시 1993 • 국내 최초 웹 사이트 개설 (cair.kaist.ac.kr)	1990 • 정보사회종합대책 수립 1992 • 제2차 국가기간전산망 기본계획 수립 • 정보통신망 이용촉진 등에 관한 법률 제정 1993 • 초고속정보통신기반구축 기본계획 수립
	1994~1996	
1994 • 상용 ISP 등장(한국통신, 데이콤, 아이네트 등) 1995 • PC-인터넷 접속 시작 • KIX 구축 및 서비스 개시	1994 • 인터넷상용서비스 개시(한국통신) • 텍스트 기반 머드게임 최초 등장 • 공공기관 홈페이지 개설 시작(청와대 등) 1995 • 'WWW' 서비스 개시 • 인터넷카페(Nets cafe) 개설 • 인터넷신문, 인터넷방송 서비스 개시(중앙일보, KBS) 1996 • ISDN 인터넷 서비스 개시 • 전자상거래 서비스 개시 • 웹진 서비스 개시 • 그래픽 기반 머그게임 최초 등장 • 정보엑스포96(Internet Expo 96) 개최	1994 • 정보통신부 발족 1995 • 초고속정보통신기반 구축 종합계획 수립 • 정보화 촉진 기본법 제정 • 정보통신윤리위원회 발족 1996 • 제1차 정보화촉진기본계획 수립 • 정보화추진위원회 설치 

자료: 사이버인터넷역사박물관(http://www.i-museum.or.kr)

이후 전자상거래 서비스가 도입되었으며, 그래픽 기반의 머그게임도 등장하게 된다. 1997년에 드디어 검색, 이메일 등 무료 인터넷 서비스가 도입되었고 최초의 포털 사이트인 넷츠고가 생겨난다. 1999년에는 인터넷 뱅킹 서비스도 도입되기에 이른다.

3) 성숙기(2000년대)

2000년대 들어서는 초고속망 구축 규모와 인터넷 이용자수가 폭발적으로 증대되었다. 2001년 OECD 발표에 따르면 한국이 초고속망 구축 측면에서 세계 1위를 차지하게 되었고, 인터넷 이용자수도 2,000만 명을 돌파하게 된다. 무선인터넷 단말기의 보급도 2,000만 대를 넘어선다. 2002년에는 초고속인터넷 가입 가구수가 1,000만을 돌파하게 되고 초고속인터넷 보급도 세계 1위를 차지하게 되며, 이후 2004년에는 인터넷 이용자수가 3,000만 명을 돌파하게 된다. 2005년에는 디지털기회지수(DOI)가 세계 1위를 차지하였고, 'WiBro' 국제 표준도 제정되었다.

〈그림 I-3〉 성숙기의 국내 인터넷 인프라, 서비스, 정책

인프라	서비스	정책
2000		
• 상용 ATM 교환망 개통 • 한국ISP협의회 발족	• 한글.kr 서비스 실시	• 초고속 정보통신망 2단계 사업 완성 • 소프트웨어산업진흥법, 지식정보자원관리법 제정 • 개인 정보보호 지침 수립 • 전자정부 11대 과제 추진 • 한국소프트웨어진흥원 개원
2001		
• 초고속망 구축 세계 1위(OECD) • 인터넷 이용자수 2,000만 명 돌파 • 무선인터넷 단말기 보급 2,000만 대 돌파	• 인터넷뱅킹 등록자수 1,000만 명 돌파 • 인터넷 내용등급 서비스 개시	• 정보통신망이용촉진및정보보호등에관한법률 제정 • 한국정보보호진흥원 개원 • 초고속 정보통신망 고도화 기본계획 수립 • 전자정부특별위원회 발족
2002		
• 초고속인터넷 가입 1,000만 가구 돌파(세계 1위) 	• 한국 게임 시장 규모 3조 원 돌파 • 국가종합전자조달 서비스 개시 • 무선랜 서비스 개시(네스팟)	• e-Korea Vision 2006 수립 • 온라인디지털콘텐츠산업발전법 제정 • IPv6 활성화 계획 수립 • 전자정부(egov.go.kr) 공식 출범 • 인터넷중독예방상담센터 개설

2003		
• 1.25 인터넷침해 사고발생으로 인터넷의 중요성 재인식	• VDSL(2DMbps) 서비스 개시 • 전자상거래 규모 200조 원 돌파 • 모바일뱅킹 서비스 개시	• Broadband IT Korea Vision 2007 수립 • 전자정부 로드맵, 31대 과제 추진 • 정보격차해소에 관한 법률 제정 • 한국정보문화진흥원 개원 • 인터넷침해사고대응지원센터 개소
2004		
• 인터넷 이용수 3,000만 명 돌파 • BcN 시범사업 추진 	• 홈네트워크 서비스 개시 • 전자상거래 총 규모 300조 원 돌파 	• 인터넷주소자원에관한법, e-러닝(전자학습)산업발전법 제정 • IT839 전략 수립 • 광대역통합망(BcN)구축 기본계획 수립 • 한국인터넷진흥원 개원 
2005		
• 디지털기회지수(DOI) 세계 1위(TU) • 항공기 내 인터넷 서비스 시범실시(대한항공) • 한국 'WiBro' 국제표준 제정	• 인터넷전화(VoIP)상용서비스 개시 • 모바일뱅킹 이용자수 100만 명 돌파 • 국내 온라인 게임 시장 규모 1조 원 돌파 • 모바일 전자입찰 서비스 개시	• IPv6 보급촉진 기본계획 수립 • 인터넷 민원인 실명 확인제 실시
2006		
• 디지털기획지수(DOI) 2년연속 세계 1위(TU) • FTTH(댁내광케이블) 도입	• 세계최초 WiBro 서비스 개시 • 세계최초 HSDPA 서비스 개시 • 온라인 쇼핑몰 거래액 13조 원 • 모바일 민원증명발급 신청 서비스 개시 	• u-Korea 기본계획 수립 • e-러닝(전자학습) 산업 발전 기본 계획 수립 • 온라인 게임 명의도용 및 해킹 방지대책 수립 • u-IT839 업그레이드 전략 수립 • 제1회 대한민국 인터넷 대상 시상 

자료: 사이버인터넷역사박물관(http://www.i-museum.or.kr)

이 시기에는 '한글.kr' 서비스가 개시되었고 온라인 게임시장도 활발하게 성장하였다. 게임시장의 경우 그 규모가 2005년 기준 1조 원을 돌파하게 되었다. 2002년에는 최초로 네스팟이라는 무선인터넷 서비스가 소개되었다. 전자상거래 규모도 급속히 팽창하여 2004년 기준 총 300조 원을 넘어섰으며, 모바일뱅킹 이용자수도 100만 명을 돌파하였다. 아울러 2005년에는 인터넷전화(VoIP)의 상용서비스도 개시되었으며, 2006년에는 세계 최초로 WiBro, HSDPA 서비스도 개시되었다.

2 인터넷산업의 현황

1) 인터넷산업의 정의와 분류

인터넷산업은 여러 가지로 정의될 수 있다. 좁은 의미에서의 인터넷산업은 "인터넷을 활용하여 가상공간과 물리공간에서 직접 또는 간접적으로 부가가치를 창출하는 제반 경제활동"(한국전자통신연구원, 2000)으로 정의된다. 하지만, 보다 넓은 의미에서 인터넷산업은 "인터넷의 직접적인 활용으로 부가가치를 창출하는 제반 경제활동 및 인터넷의 이용을 가능하게 하는 산업에 관련된 경제활동"(한국전자통신연구원, 2000)으로 규정되기도 한다. 즉, 인터넷 산업은 인터넷 이용을 위한 하드웨어와 소프트웨어를 만드는 산업뿐 아니라, 인터넷을 이용하여 새로운 서비스나 제품을 제공하는 산업도 포괄한다고 볼 수 있다(한국인터넷진흥원, 2007).

이러한 인터넷산업은 여러 가지 방식으로 분류될 수 있다. 분류방식은 연구기관들마다 상이하기 때문에 여기서는 대표적인 몇몇 분류방법을 정리해 본다. 첫째, 한국전자통신연구원(2000)에서는 인터넷산업을 인터넷기반산업, 인터넷지원산업, 인터넷활용산업으로 분류하고 있다. 인터넷기반산업은 인터넷의 물리적인 망을 구성하고 이용자들을 인터넷에 연결해 주는 장

〈표 I-1〉 한국전자통신연구원의 인터넷산업 분류

분류	하위 분류	주요 항목
기반산업	인터넷 기기산업	서버, 네트워크 장비, 가입자망 장비, 인터넷 단말기
	인터넷 통신서비스	인터넷망 운영, 인터넷 접속서비스(ISP)
	기타 기반산업	물류산업
지원산업	인터넷 정보보호산업	항 바이러스, 방화벽, 암호화 제품, 가상 사설망, 인증
	인터넷 응용기반산업	콘텐츠 제작도구, 웹에디팅 소프트웨어, 인터넷 컨설턴트, 검색엔진 소프트웨어, 웹 기반 데이터베이스
활용산업	인터넷 포털산업	종합포털, 전문포털
	인터넷 상거래산업	인터넷 판매, 중개
	인터넷 콘텐츠산업	인터넷 통신, 인터넷 서비스(게임, 문화 등), 기타 콘텐츠 서비스

자료: 한국전자통신연구원

비를 생산하거나 서비스를 제공하는 산업을 말한다. 인터넷지원산업은 최종소비재나 중간 생산자들이 인터넷을 활용하는 것을 지원하는 것을 목적으로 중간적 재화나 서비스를 생산하는 산업을 말한다. 마지막으로, 인터넷활용산업은 인터넷 이용자에게 인터넷을 통해 제공되는 최종적인 재화나 서비스를 생산하여 유통하는 산업을 말한다. 각 산업의 세부 분류와 주요 항목이 〈표 I-1〉에 제시되어 있다.

둘째, 위와 유사하게, 한국인터넷진흥원(2008)도 한국정보통신산업협회의 내부자료를 바탕으로 인터넷산업을 기반산업, 지원산업, 활용산업으로 분류하고 있다. 먼저, 기반산업은 개인과 기업들이 인터넷산업에 진입할 수 있도록 하부구조를 구성하는 산업을 말하며, 지원산업은 전기통신설비를 운영해서 다른 산업을 지원하는 통신산업을 말한다. 마지막으로 활용산업은 인터넷을 통해 새로운 제품이나 서비스를 제공하는 산업을 말하며, 각 산업별로 세부 분류 및 주요 항목들이 〈표 I-2〉에 제시되어 있다.

〈표 I-2〉 한국인터넷진흥원의 인터넷산업 분류

분류	하위 분류	주요 항목
기반산업	전송기기	VoIP/영상전화기, 페어케이블전송시스템, 동축케이블전송시스템, 광전송시스템, 신호변환기, 다중화장치 등
	네트워크 장비	유선 NIC, 라우터, 네트워크용 스위치, 허브, 액세스포인트, 무선 NIC, 일반가입자 모뎀, 케이블 모뎀, xDSL 모뎀, 광 모뎀, 네트워크 보안장치, 홈네트워크 장비 등
지원산업	시스템 소프트웨어	통신 소프트웨어, 시스템관리 소프트웨어, 정보보호 소프트웨어 등
	시스템관리 및 유지보수	ASP 등
활용산업	유무선접속 서비스	ISDN, 인터넷전화, 전용회선 서비스, 초고속망 서비스, 무선통신 서비스(WAP/ME), 무선고정통신 서비스(B-WLL)
	네트워크접속 서비스	네트워크 서비스, 인터넷접속기반 서비스, 호스팅 서비스(웹서버, 스토리지), Co-location 서비스, 보안관리 서비스, 도메인관리 서비스 등
	응용서비스	고도팩스, 신용카드 검색, 컴퓨터 예약, 자문서교환, 원격통신, 전자지불, 온라인정보처리, 인터넷전자상거래 등
	콘텐츠 제공서비스	인터넷포털, 인터넷방송, 온라인게임, 온라인교육, 정보제공, 디지털출판물, 인터넷광고 등

자료: 한국전자통신연구원

셋째, 삼성경제연구소(1999)에서는 인터넷산업을 인터넷 신산업, 인터넷 활용산업, 인터넷 지원산업으로 구분하였다. 인터넷 신산업이란 인터넷이 등장하면서 새롭게 생겨난 산업으로 기존의 산업에서는 볼 수 없었던 새로운 형태의 사업방식을 취하는 기업군을 말한다. 인터넷 활용산업이란 인터넷의 등장으로 기존 산업분야의 형태가 바뀌어 유통, 도/소매, 디지털 정보 판매 등 서비스업의 전통적 사업방식이 인터넷을 기반으로 변모한 것을 말

〈표 I-3〉 삼성경제연구소의 인터넷산업 분류

구분	내용과 분류	사업의 예
인터넷 신산업	인터넷을 비즈니스 대상으로 하여 새롭게 탄생되는 사업	포털 서비스
인터넷 활용산업	인터넷을 산업 활동의 수단으로 활용하면서 파생되는 사업 (일부는 기존 산업의 영역을 잠식, 대체하면서 발전)	전자상거래, 인터넷 중개사업, 인터넷 금융, 인터넷 교육, 인터넷 미디어
인터넷 지원산업	인터넷 발전을 지원하는 사업	통신네트워크운영사업, 인터넷 장비제조업

자료: 삼성경제연구소

한다. 마지막으로 인터넷 지원산업은 제품과 서비스의 특성상 인터넷의 발전을 기술적으로 지원하는 산업으로 사람들이 인터넷을 편리하게 이용할 수 있게 해 주는 역할을 하는 산업을 말한다. 이들 각각에 대한 구체적인 예시가 〈표 I-3〉에 나타나 있다.

이러한 분류법 외에도 다양한 방식이 있지만, 여기서는 가장 최근에 인터넷백서를 통해 인터넷산업을 분류한 한국인터넷진흥원의 방식을 따르기로 한다.

2) 인터넷산업의 시장 현황

앞서 언급하였듯이 인터넷 이용자수와 가입자수는 급격히 증대되어 왔다. 예를 들어, 국내 초고속인터넷 가입자수는 2001년 780만 6,000명이었으나, 2007년에는 1,471만 명으로 2배 가까이 증대되었다. 이와 더불어 이메일, 검색, 쇼핑, 게임, 블로그에 더하여 UCC(User Created Contents), 금융결제, 인맥관리 등 새로운 서비스들이 생겨나면서 인터넷산업은 성장 일로에 있다.

국내 인터넷산업의 시장 규모도 2000년대 들어 지속적으로 증대되어 왔

〈그림 Ⅰ-4〉 초고속인터넷 가입자수 추이 (단위: 1,000명)

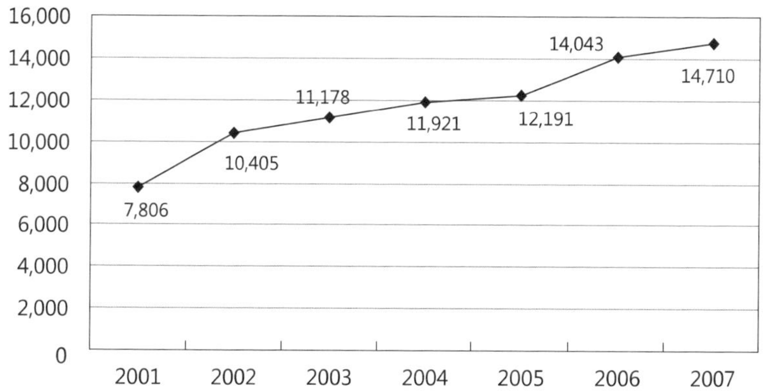

자료: 정보통신부

다. 인터넷산업 전체적으로는 2002년에 약 15조 원 규모였으나, 2007년에는 약 24조 원 규모로 약 60% 가까이 성장한 것으로 추정된다. 다만, 인터넷산업을 기반산업, 지원산업, 활용산업으로 구분할 경우, 각 하위 산업별로는 성장 패턴이 다소 상이하다. 기반산업의 경우 2002년에는 약 1조 6,000억 원 규모의 시장을 보였으나, 2007년에는 약 1조 5,000억 원 정도로 시장 규모가 다소 감소했음을 알 수 있다. 반면, 지원산업은 2002년에는 약 4조 2,000억 원에서 2007년에는 약 6조 2,000억 원으로 성장하였고, 활용산

〈표 Ⅰ-4〉 국내 인터넷산업 매출액 추이 (단위: 10억 원, %)

구분	기반산업	지원산업	활용산업	합계
2002	1,559	4,235	9,513	15,307
2003	1,188	4,204	10,848	16,240
2004	1,004	4,929	12,408	18,341
2005	1,351	5,243	14,061	20,655
2006	1,707	5,835	15,670	23,212
2007	1,512	6,203	16,437	24,152
전년대비 증가율	−11%	6%	5%	4%

자료: 한국정보통신산업협회

〈표 Ⅰ-5〉 국내 인터넷 기반산업 매출액 추이 (단위: 10억 원, %)

구분	VoIP/영상전화기	전송기기	네트워크 장비	합계
2002	27	976	556	1,559
2003	51	713	424	1,188
2004	23	693	288	1,004
2005	136	850	365	1,351
2006	132	1,234	341	1,707
2007	161	985	366	1,512
전년대비 증가율	23%	−20%	7%	−11%

자료: 한국정보통신산업협회

업은 같은 기간 약 9조 5,000억 원에서 약 16조 4,000억 원으로 성장하였다.

각 산업별로 보다 자세히 성장 추이를 살펴보면 〈표 I-5〉와 같다. 우선, 기반산업은 인터넷산업의 기반이 되는 시스템, 단말기 등을 말하며 전송기기와 네트워크 장비 등이 포함된다(한국인터넷진흥원, 2008). 작년 기반산업의 매출액은 약 1조 5,000억 원으로서 전년대비 소폭 감소한 모습을 보였다. 이는 기반산업 중 전송기기의 매출액이 전년대비 20% 감소한 데서 기인한 바 크다. 반면, VoIP/영상전화기는 2002년 이후 매년 큰 폭으로 성장하고 있다.

다음으로, 인터넷 지원산업은 인터넷상에서 비즈니스가 가능하도록 제품 및 서비스를 지원해 주는 산업을 말한다(한국인터넷진흥원, 2008). 이 지원산업은 소프트웨어와 관리 및 유지보수를 포함한다. 지원산업의 시장 규모는 2000년대 초반 이후 지속적으로 성장해 왔으나, 최근에는 그 성장세가 둔화되는 모습이다. 2002년에는 약 4조 2,000억 원의 규모를 보였으며 작년에는 6조 2,000억 원의 규모를 기록하여 약 50% 가까운 성장세를 보였다. 다만, 작년에는 전년대비 6% 증가하는 수준에 머물렀다. 이는 주로 시스템소프트웨어 분야의 성장세가 크게 둔화된 데서 원인을 찾을 수 있을 것이다. 이 분야는 2002년 이후 지속적으로 시장 규모가 축소되는 패턴을 보이고 있다. 시스템관리 및 유지보수 분야는 전년대비 약 7% 성장을 기록

〈표 I-6〉 국내 인터넷 지원산업 매출액 추이 (단위: 10억 원, %)

구분	시스템소프트웨어	시스템관리 및 유지보수	합계
2002	1,061	3,174	4,235
2003	1,016	3,188	4,204
2004	873	4,056	4,929
2005	737	4,506	5,243
2006	717	5,118	5,835
2007	711	5,492	6,203
전년대비 증가율	−1%	7%	6%

자료: 한국정보통신산업협회

하였다.

마지막으로, 인터넷 활용산업은 기반산업과 지원산업을 적용하여 실질적인 비즈니스가 가능하게 하는 사업을 말한다(한국인터넷진흥원, 2008). 활용산업은 유무선접속 서비스, 네트워크접속 서비스, 응용서비스와 콘텐츠 제공서비스 등으로 구분된다. 활용산업은 2002년부터 2007년까지 73%나 성장하였다. 2002년에는 9조 5,000억 원의 시장 규모였으나 2007년에는 16조 4,000억 원으로 그 규모가 커졌다. 다만, 작년에는 전년대비 5% 성장하는 데 머물렀다. 세부 영역별로 보면, 응용서비스 분야의 성장세가 두드러진

〈표 I-7〉 국내 인터넷 활용산업 매출액 추이 (단위: 10억 원, %)

구분	유무선접속 서비스	네트워크접속 서비스	응용서비스	콘텐츠 제공서비스	합계
2002	6,117	1,408	585	1,403	9,513
2003	6,901	1,431	951	1,565	10,848
2004	6,894	1,693	1,322	2,499	12,408
2005	7,580	1,627	1,751	3,103	14,061
2006	8,187	1,632	2,080	3,771	15,670
2007	8,152	1,761	2,461	4,065	16,439
전년대비 증가율	0%	8%	18%	8%	5%

자료: 한국정보통신산업협회

다. 이 분야는 통신서비스를 이용한 부가적인 서비스를 제공하는 분야로서, 전자문서교환, 원격통신, 전자지불, 전자상거래 등을 포함한다. 응용서비스는 작년에 전년대비 18% 정도 성장하였으며, 2002년과 비교해서는 무려 320%나 규모가 커졌다. 유무선접속 서비스 분야는 성장세가 완연히 둔화되었다.

이상에서는 인터넷산업의 현황을 종합적으로 살펴보았다. 이제부터는 인터넷기업들이 속해 있는 인터넷 활용산업에 보다 초점을 맞추어 살펴본다. 구체적으로, 국내 주요 콘텐츠 제공서비스 중 포털서비스, 커뮤니티서비스, 게임서비스에 초점을 맞추어 시장 현황을 보다 상세히 알아본다.

(1) 인터넷 포털서비스의 시장 현황

포털(portal)은 '문'이라는 뜻을 지닌 용어로서, 포털서비스는 인터넷 이용자들이 이메일, 커뮤니티, 게임, 검색 등 다양한 서비스를 이용하게 연결해 주는 관문 역할을 하는 서비스를 말한다. 포털서비스는 중점적으로 제공하는 서비스가 무엇이냐에 따라서 검색엔진형, 전자쇼핑몰형, 콘텐츠형, 커뮤니티형 등으로 다양하게 나뉜다(허지원, 2007). 예를 들어 네이버는 검색엔진에서 출발하여 이메일, 커뮤니티 등 종합적인 서비스를 제공하는 검색엔진형 서비스이며, 다음은 이메일과 카페에서 출발하여 검색 등 다양한 서비스를 제공하는 커뮤니티 포털형이다.

인터넷 포털은 1990년대 중반에 최초로 웹 사이트에 대한 디렉토리 검색서비스를 제공한 야후의 검색 모델을 시작으로 검색 기능과 함께 이메일, 뉴스, 커뮤니티 제공 등의 종합적인 서비스를 제공하는 형태로 발전해 왔다(한국인터넷진흥원, 2007). 포털서비스 산업의 발전과정을 정리하면 아래 표와 같다.

우선, 포털서비스 도입 초기에는 주로 접속 및 검색 서비스가 주된 서비스였다. 그리하여 인터넷 이용자들이 다른 여러 사이트로 이동할 수 있는 관문을 제공하는 역할을 주로 수행하였다. 이때 포털서비스의 주 수익모델은 광고였다. 이후, 2000년대 초반에 닷컴 버블의 붕괴 이후 포털서비스 산

〈표 Ⅰ-8〉 포털서비스의 분류

구분	주요 서비스	예
종합검색엔진형	-초기의 검색엔진이나 디렉토리 서비스에서 시작된 포털을 지칭함 -검색서비스 외에 이용자 확보 차원에서 증권, 경매, 생활 정도 등 다양한 종합정보를 제공함	네이버, 야후, 엠파스 등
전자쇼핑몰형	-수익실현을 목적으로 많은 기업들이 채택하고 있는 사업모형임 -물리적인 상품과 무형의 정보를 인터넷상에서 소비자에게 중개하거나 매개하는 역할을 담당함	옥션, 지마켓 등
콘텐츠형	-뉴스, 날씨, 금융서비스, 오락, 게임 등 정보화 기반을 주로 제공하는 사이트를 말함 -자체적으로 생산한 정보를 제공하거나 축적된 데이터베이스를 기반으로 서비스함	피망, 한게임, 넷마블 등
커뮤니티 포털형	-회원 간 결속 및 커뮤니케이션을 유도하는 수단으로 커뮤니티나 카페 메신저 등의 서비스를 제공함으로써 회원을 확보함과 동시에 수익을 창출함	다음, 싸이월드, 네이트 등

자료: 허지원(2007)

업은 경쟁이 치열해졌고, 접속 및 검색 서비스에 외에 채팅, 커뮤니티, 게임, 각종 생활 정보 등 다양한 서비스를 제공하기 시작하였다. 최근 들어서 포털서비스는 단순히 콘텐츠로의 이동 관문에서 나아가 다양한 콘텐츠들이 모이는 하나의 집합지로 탈바꿈하게 된다. 포털서비스는 이러한 콘텐츠 제공을 통해 인터넷 광고에서 나아가 수익원을 다양화할 수 있게 되었다.

〈그림 Ⅰ-5〉에서 보듯이 포털서비스의 시장 규모도 지속적으로 늘어났다. 2000년 초 2,000억 원대였던 포털 시장 규모가 2007년(예상)에는 7,000억 원대로 급격히 증대되었다. 그러나 이러한 포털 시장의 규모는 2004년 이후에는 다소 정체되는 모습을 보이고 있다. 포털 시장은 인터넷 인프라의 확산과 함께 성장한다는 점을 고려할 때, 포털 시장의 정체는 인터넷 이용

〈표 I-9〉 포털서비스 산업의 발전과정

구분	기간	특징
도입 초기	1990년대 후반~ 2000년 초	· 접속포털과 검색포털의 등장 -인터넷 초기 포털은 접속 및 검색 서비스로 시작 -유선 인터넷 이용자를 다른 사이트로 안내하는 관문적인 역할을 수행 -수익원은 단순한 인터넷 광고가 주를 이룸
성장기	2001년~2004년	· 수익원 다변화와 경쟁 본격화 -닷컴 붕괴로 온라인 광고시장 성장률 둔화 및 포털업계의 수익원 다각화 필요성이 거론됨 -포털은 기존의 검색에서 채팅 커뮤니티 엔터테인먼트 및 생활 정보 등으로 서비스 확대
도약기	2005년~현재	· 콘텐츠의 이동 관문에서 콘텐츠의 집합지로 변모 -서비스 확대와 함께 포털들은 자체적으로 확보한 디지털콘텐츠를 서비스하는 업체로 변모 -단순 검색서비스의 수익원 창출 한계에 직면하여 포털들은 서비스 차별화와 수익원 다각화에 전력하고 있음

자료: 허지원(2007)

률의 정체와 맥을 같이한다고 볼 수 있다. 인터넷 이용률은 2004년 70%대에 들어선 이후 지속적으로 70% 초반에 머물러 있다. 다만, 2005년에 포털 시장 규모가 감소한 것은 인터넷 이용률과 상이한 패턴을 보인다고 볼 수 있다.

포털 시장의 주요 업체로는 네이버를 운영하는 NHN, 다음을 운영하는 다음커뮤니케이션, 싸이월드, 네이트, 및 엠파스를 운영하는 SK커뮤니케이션즈 등이 있다. 이들 업체들의 시장점유율을 순방문자수 및 도달률의 순위로서 살펴보면 〈표 I-10〉과 같다. 포털 시장은 네이버의 월 순방문자수가 약 3,200만 명으로 시장점유율이 가장 높은 가운데, 다음, 네이트가 그 뒤를 잇고 있다. 네이버 외 다른 포털들은 서비스의 전문화 및 인수합병을 통해서 시장 확대를 도모하고 있다. 예를 들어, 다음은 UCC 포털에 초점을 두었으며, SK커뮤니케이션즈에 의해 인수된 엠파스는 네이트와 통합 검색

〈그림 Ⅰ-5〉 인터넷 이용자와 포털 시장 규모 (단위: 100만 명, 100억 원, %)

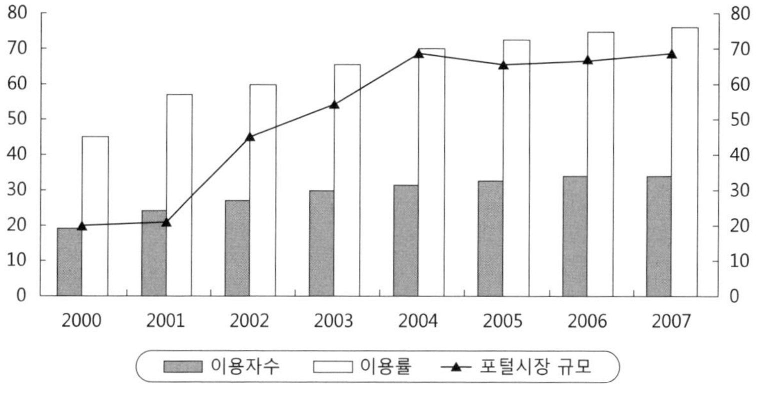

주: 좌측 축은 인터넷 이용자 수(100만 명)와 이용률(%)을 나타내며, 우측 축은 포털 시장의 규모(100억 원)를 나타냄.

자료: 한국정보통신산업협회, 한국인터넷진흥원, 허지원(2007)

〈표 Ⅰ-10〉 주요 포털서비스 순방문자수 및 도달률(2007년 12월 기준)(단위: 1,000명, %)

순위	사이트	순방문자수	도달률	순위	사이트	순방문자수	도달률
1	네이버	31,962	95.4	6	파란	19,277	57.6
2	다음	30,966	92.5	7	엠파스	19,099	57.0
3	네이트	25,871	77.2	8	프리챌	9,864	29.5
4	싸이월드	24,604	73.5	9	하나포스	7,753	23.2
5	야후	20,767	62.0	10	세이클럽	6,325	18.9

자료: 메트릭스

을 시행하고 있다.

(2) 온라인 커뮤니티서비스의 시장 현황

다음으로, 온라인 커뮤니티서비스에 대해서 알아보자. 온라인 커뮤니티서비스에는 다음이나 네이버의 카페, 블로그, 그리고 싸이월드의 미니홈피 등의 서비스가 대표적이다. 이들 서비스는 정도의 차이는 있지만 모두 사회연결망 서비스(social network service)의 일종으로서 사람과 사람 간의 정보 공유와 소통을 위한 것이다(한국인터넷진흥원, 2008).

먼저, 카페의 경우 다음 카페에서 유래하였으며, 이후 줄곧 1위를 유지해 왔다. 그러나 네이버가 카페 서비스를 런칭하면서 2006년 10월부터는 네이버 카페가 순방문자수 측면에서 다음 카페를 능가하기 시작했다. 다만, 카페 이용자들의 충성도 측면에서는 다음 카페의 경우가 네이버 카페보다 훨씬 높은 것이 특징적이다. 이용자의 충성도를 나타내는 평균 체류시간이나 방문자 1인당 페이지뷰 측면에서는 다음 카페가 월등히 높다(그림 I−6, I−7 참고).

또한 방문자들이 카페를 얼마나 깊이 있게 이용했는지를 분석하는 방문자 이용 깊이 분석에서도 다음 카페의 우위가 확연했다. 통상 헤비유저(heavy user)라 부를 수 있는 100페이지뷰 이상 방문자의 비율이 다음 카페의 경우 거의 30%에 육박하여 네이버의 약 20%보다 더욱 높았다.

블로그는 최근 급속히 확산되고 있는 서비스 중 하나다. 야후코리아의 조사에 따르면, 2007년 7월 기준으로 약 508만 개의 블로그가 존재하고 있으며 등록된 글의 수는 약 9,720만 개로 추정된다. 이들 중 상당수가 기존

〈그림 I-6〉 다음 카페와 네이버 카페의 월간 일 평균 1인당 체류시간(2007년)

(단위: 분)

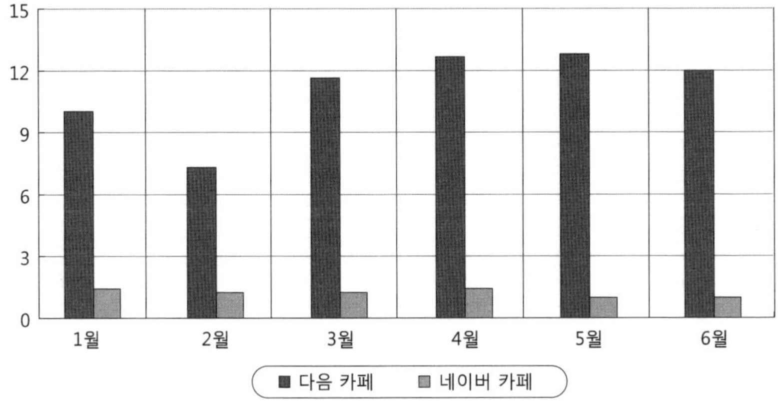

자료: 랭키닷컴

〈그림 Ⅰ-7〉 다음 카페와 네이버 카페의 월간 페이지뷰(2007년) (단위: 1,000)

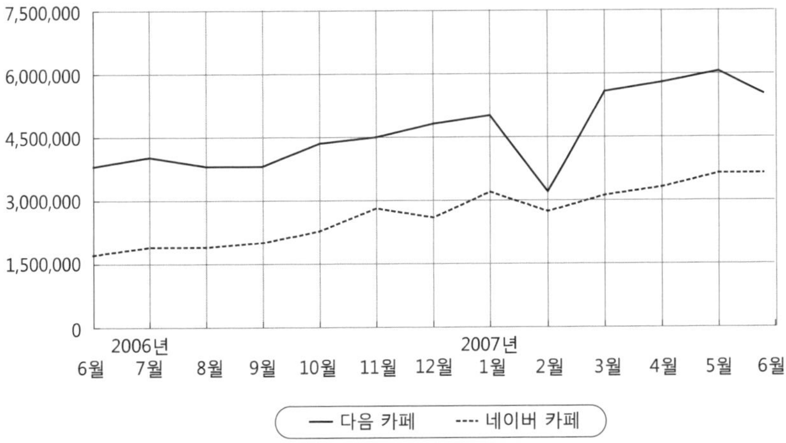

자료: 랭키닷컴

의 포털 사이트에서 운영하는 블로그였으며, 이글루스나 태터툴즈와 같은 전문 블로그 사이트도 있다. 블로그의 개수는 네이버가 전체의 약 57.6%를 차지함으로써 독보적인 1위 자리를 유지하고 있음을 알 수 있다.

또한 블로그에 대한 방문자수를 비교해 보아도 네이버 블로그의 우위를 재확인할 수 있다. 다만, 다음 블로그와의 격차가 시간이 갈수록 점차 좁혀

〈그림 Ⅰ-8〉 다음 카페와 네이버 카페의 방문자 이용 깊이 분석(2007년 6월)

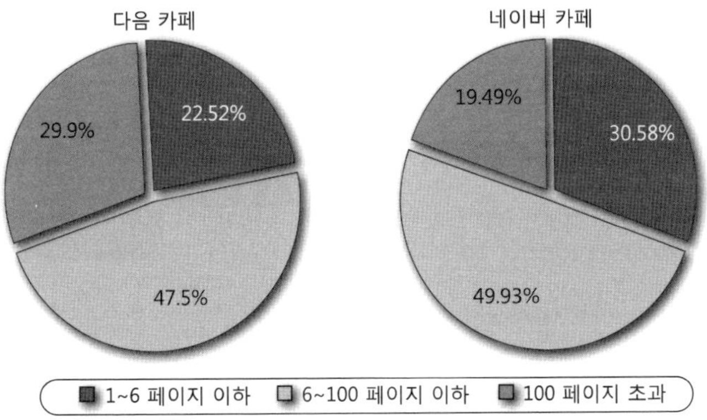

자료: 랭키닷컴

〈표 I-11〉 주요 사이트별 블로그수 및 포스트수(2007년 7월 기준) (단위: 개, %)

사이트	블로그수		포스트수		평균 포스트수
naver.com	2,925,174	57.6	57,787,502	59.4	19.8
daum.net	669,412	13.2	18,509,316	19.0	27.7
nate.com	402,750	7.9	2,092,885	2.2	5.2
yahoo.com	345,220	6.8	5,371,066	5.5	15.6
paran.com	336,973	6.6	2,797,578	2.9	8.3
empas.com	170,893	3.4	4,391,599	4.5	25.7
egloos.com	81,746	1.6	2,588,077	2.7	31.7
tattertools.com	49,441	1.0	1,742,428	1.8	35.2
joins.com	30,512	0.6	866,963	0.9	28.4
chosun.com	43,875	0.9	442,504	0.5	10.1
news.go.kr	3,614	0.1	262,977	0.3	72.8
dreamwiz.com	11,964	0.2	240,275	0.2	20.1
ohmynews.com	2,976	0.1	58,350	0.1	19.6
jinbo.net	1,814	0.0	25,843	0.0	14.2
mediamcb.co.kr	1,023	0.0	37,530	0.0	36.7

자료: 야후코리아

지고 있으며, 최근에는 거의 유사한 수준의 방문자수를 기록하고 있다. 2007년 1년간 월평균 방문자수가 아래 표에 제시되어 있다. 또한 네이버 블로그는 블로그수나 포스트수에서는 다른 블로그 전문 서비스(예: 이글루스)보다 현저히 앞서 있으나, 실제 방문자수 면에서는 그 격차가 많이 줄어든다는 점도 파악할 수 있다. 이는 블로그 헤비유저(heavy user)의 비중이 포털 블로그보다 전문 블로그 서비스에서 더 높다는 점을 시사하는 점이다.

(3) UCC 서비스의 시장 현황

국내 UCC 시장은 다음, 네이버, 싸이월드 등 기존의 포털 외에 판도라TV, 엠앤캐스트, 곰TV, 엠군 등 동영상 UCC 전문업체들이 모두 참여하여

〈표 Ⅰ-12〉 주요 사이트별 블로그수 및 포스트수(2007년 7월 기준) (단위: 1,000명)

월	네이버	다음	티스토리	이글루스
1	25,689	18,866	2,451	5,817
2	24,913	18,631	2,787	5,018
3	26,207	18,205	3,992	6,529
4	27,358	20,406	4,737	7,968
5	27,418	23,318	6,716	7,521
6	27,091	22,873	8,069	5,850
7	26,016	23,355	13,367	11,131
8	25,690	24,284	12,373	8,360
9	27,643	26,582	11,684	6,570
10	27,944	27,944	14,348	9,241
11	29,411	27,759	15,194	9,113
12	28,607	28,092	15,361	8,396

자료: 메트릭스

경쟁하는 양상을 보이고 있다(한국인터넷진흥원, 2008). 인터넷 환경이 이용자 참여 중심으로 변화하면서 이용자들이 직접 콘텐츠를 제작해서 유통하는 UCC(User Created Contents) 서비스에 대한 인기가 지속적으로 증가하고 있다. 〈표 Ⅰ-13〉에는 2007년 한 해 동안 주요 UCC 서비스에 대한 방문자수의 추이가 제시되어 있다.

〈표 Ⅰ-13〉에서 보듯이, 동영상 전문 사이트들의 방문자들이 대체로 포털의 동영상 사이트 방문자들보다 더 많은 것으로 나타났다. 다만, 포털의 경우 다음의 UCC 서비스의 성장이 돋보인다. 다음은 초기 화면도 UCC 중심으로 바꾸고 검색의 방향성도 'UCC 중심의 검색'으로 바꿈으로써 UCC 서비스의 강화에 한층 힘쓰고 있다. 그 결과 다음의 UCC 서비스는 방문자수, 페이지뷰, 체류시간 등 모든 측면에서 다른 포털들의 UCC 서비스를 능가하고 있다.

또한 최근 UCC 서비스가 인기를 얻음에 따라 포털의 커뮤니티 서비스

〈표 Ⅰ-13〉 주요 UCC 서비스 월별 방문자수 추이(2007년) (단위: 1,000명)

월	동영상 전문 사이트(상위 5개)					포털 동영상 UCC 사이트(상위 3개)		
	판도라TV	엠앤캐스트	곰TV	엠군	아프리카	네이버 비디오	싸이월드 동영상	다음 tv팟
1	9,354	9,501	242	6,291	1,870	6,179	3,160	8,260
2	8,258	7,606	99	4,561	1,268	5,431	2,886	8,258
3	10,337	7,324	139	5,931	1,799	5,993	4,021	12,777
4	9,804	7,152	149	6,714	1,704	7,471	3,678	12,299
5	10,778	8,812	927	8,812	1,583	6,852	5,789	10,095
6	9,219	8,084	6,576	7,893	1,964	7,502	3,647	9,317
7	10,541	9,258	7,396	8,654	2,532	6,895	5,359	10,004
8	11,148	7,520	6,723	7,503	1,770	5,372	4,925	10,087
9	11,425	8,304	7,466	7,545	1,748	6,197	4,086	9,747
10	11,351	7,932	6,992	7,932	1,764	8,229	5,882	10,758
11	12,439	8,287	9,325	7,361	1,616	9,330	5,407	11,754
12	12,382	8,505	8,505	7,378	1,836	8,094	5,335	10,326

자료: 메트릭스

이용자 중 동영상 서비스를 이용하는 이용자의 규모가 크게 증가하고 있다. 아래 그림과 같이 카페와 블로그 이용자들의 수는 증가세가 대체로 완만하거나 정체되어 있는 반면, 동영상 서비스 방문자의 규모는 빠른 속도로 증가하고 있다.

이러한 추세에 발맞추어 주요 전문 UCC 서비스업체들뿐 아니라 기존의 포털들도 동영상 서비스의 활성화를 위해 노력하고 있다(한국인터넷진흥원, 2008). 예를 들어, 네이버는 지식iN, 블로그 등 다른 서비스들에 게재된 동영상도 통합적으로 볼 수 있도록 스크랩 기능을 추가하였으며, 동영상 업로드의 편의성을 높이기 위해 업로드 용량의 제한을 없앴으며, 동영상 편집도구인 '플레이 매니저' 등을 지원하고 있다. 다음도 동영상 UCC 전용 플랫폼인 'tv팟'을 오픈하였으며, 판도라TV의 경우 동영상을 실시간으로 볼 수 있도록 RSS 서비스를 제공하고 있다. 아래 표에는 현재 국내 주요 업체

〈그림 Ⅰ-9〉 포털의 커뮤니티 서비스 방문자 규모 (단위: 1,000명)

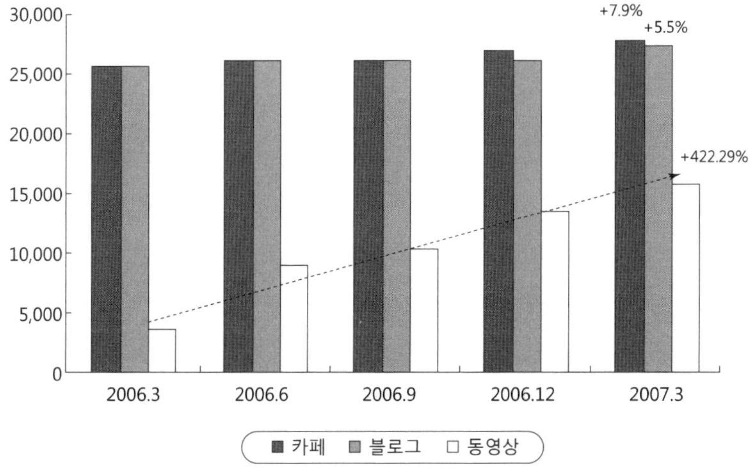

자료: 코리안클릭

〈표 Ⅰ-14〉 주요 포털 및 전문 사이트들의 UCC 서비스 현황

사이트	서비스
다음	tv팟, 세계엔, 텔레비존, 기타
네이버	지식iN, 붐, 툰, 네모, 비디오
판도라TV	프로그램, 채널, 라이브
엠앤캐스트	인기동영상, 카테고리, 스토리, 채널UP
아프리카	BJ 랭킹, 화제의 방송, 오픈TV
아우라	베스트, 핫클립, 매거진, VOD
엠군	카테고리, 랭킹, 스테이션
디오데오	비디오, 오디오, 연예TV, 게임TV, Fun
곰TV	오픈채널
태그스토리	동영상보기
픽스카우	카테고리

자료: 한국방송영상산업진흥원

들의 UCC 서비스 현황을 나타내고 있다.

이러한 UCC 서비스는 그것 자체로서 직접적인 수익원이 되지는 못한다. 간혹 UCC와 다른 유료 콘텐츠를 동시에 판매하는 경우가 있긴 하지만, 대부분의 경우는 사이트의 트래픽을 이용한 광고모델을 주된 수익모델로 삼고 있다. 즉, UCC의 화면 일부 혹은 UCC 중간에 배너나 링크를 연계하여 광고를 하거나, UCC를 통해 자연스럽게 증대된 트래픽을 활용하여 광고수익을 증대시키기도 한다.

(4) 온라인 게임서비스의 시장 현황

온라인 게임서비스는 문화콘텐츠 산업의 핵심적인 부분을 차지하고 있으며, 인터넷산업 전체의 성장을 주도하고 있다. 온라인게임이란 인터넷을 이용해서 서버에 접속해서 다른 이용자들과 실시간으로 즐길 수 있는 게임을 말한다. 우리나라의 온라인게임은 세계 최고수준의 초고속인터넷과 휴대폰의 보급에 힘입어 급격히 성장해 왔으며, 그 규모가 영화 및 음악산업을 합친 것보다 2배 이상 크다고 알려져 있다(두산백과사전, 2008).

국내 최초의 온라인게임은 1994년 PC통신을 통해 서비스된 머드(MUD: Multi User Dungeon) 게임인 '쥬라기공원'이다. 그림이나 그래픽 없이 채팅을 통해 진행되는 텍스트 머드게임은 이후 퇴마요새, 단군의 땅 등이 매니아 층을 형성하면서 큰 인기를 누렸다(이종오, 2000). 그래픽으로 캐릭터와 배경 등을 구현한 소위 머그(MUG: Multi User Graphic) 게임으로는 넥슨이 개발한 '바람의 나라'가 최초다. 이후에는 머그 게임이 주종을 이루며 온라인게임의 성장 주역이 되었다.

온라인게임이 본격적으로 성장하게 된 가장 큰 계기는 초고속인터넷망을 갖춘 PC방의 확산이었다(이종오, 2000). 그리고 이러한 PC방의 확산은 1998년 '스타크래프트'라는 PC게임이 등장하여 큰 대중적 인기를 누리게 되면서 시작되었다. 예를 들어, PC방은 1998년 초에 대학가를 중심으로 약 100여 개가 생겨나기 시작했으나, 1998년 말에는 전국적으로 약 2,500개가 생겨났다. 2006년 한국게임산업개발원의 조사에 따르면 현재 전국적으로

〈그림 Ⅰ-10〉 연도별 인터넷 PC방 업소 증감 현황 (단위: 개)

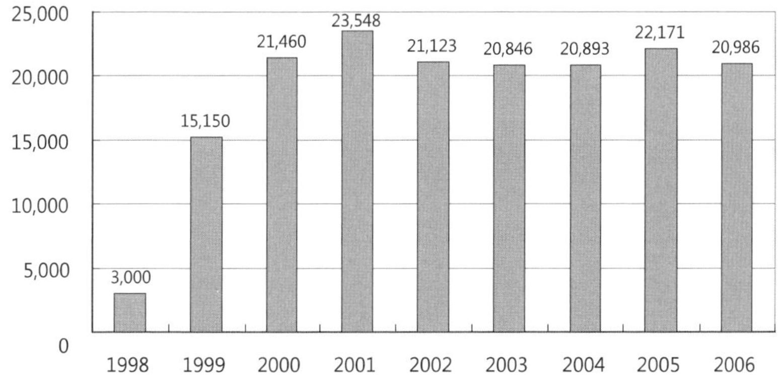

자료: 문화관광부, 한국게임산업진흥원

2만 1,000개 정도의 PC방이 운영되고 있으며, PC방 시장은 이미 어느 정도 포화상태에 도달했다. 그 결과, PC방들은 고급화, 대형화를 통해 생존전략을 도모하고 있는 한편, 변화에 적응하지 못하는 중소 PC방들은 폐업을 면치 못하는 것이 현실이다.

온라인게임이 성장하게 된 또 다른 요인으로는 대기업의 게임사업 참여와 게임포털의 성장에서 찾을 수 있다(한국인터넷진흥원, 2008). SK, 삼성 등 대기업들이 온라인게임 사업에 참여해서 우수한 게임을 퍼블리싱하려는 경쟁에 참여하였고, 이에 대응해서 네오위즈, CJ인터넷, NHN 등 자금력과 회원수를 모두 가진 대형 포털사들이 적극적으로 퍼블리싱 및 마케팅 경쟁에 참여하면서 온라인게임 시장의 성장세는 가속화되었다.

〈표 Ⅰ-15〉 국내 온라인게임 시장의 규모와 성장률 (단위: 억 원, %)

연도	시장규모	성장률(%)	연도	시장규모	성장률(%)
2002	4,522	–	2006	17,768	23.4
2003	7,541	66.8	2007	22,403	26.1
2004	10,186	35.1	2008	26,922	20.2
2005	14,397	41.3	2009(예상)	33,067	20.0

자료: 문화관광부·한국게임산업진흥원

〈표 I-16〉 국내 온라인게임 시장의 규모와 성장률 (단위: 억 원, %)

구분		온라인 게임	모바일 게임	비디오 게임	PC 게임	아케이드 게임	합계
2004년	규모	10,186	1,617	1,866	534	2,247	16,450
2005년	규모	14,397	1,939	2,183	377	9,655	28,551
	증감률	41.3	19.9	17.0	−29.4	329.7	73.6
2006년	규모	17,768	2,390	1,365	264	7,009	28.796
	증감률	23.4	23.3	−37.5	−30.0	−27.4	0.9
2007년	규모	22,403	2,518	4,201	350	352	29,824
	증감률	26.1	5.4	207.8	32.6	−95.0	3.6
2008년	규모	26,922	3,050	5,021	263	628	35,884
	증감률	20.2	21.1	19.5	−24.9	78.4	20.3

자료: 한국게임산업개발원

2008년도 게임백서에 따르면 국내 온라인게임 시장의 규모는 2002년 4,500억 수준에서 매년 급격히 증가하여 2009년에는 약 3조 3,000억 원을 상회하는 시장을 형성할 것으로 기대된다. 2008년 이후 성장률은 둔화되고 있지만, 앞으로도 여전히 두 자릿수의 성장세가 지속될 것으로 예상된다.

또한 우리나라 게임 시장의 특성 중 하나는 온라인게임이 다른 종류의 게임보다 시장 규모가 크고 성장률 또한 높다는 점이다. 예를 들어, 올해(2010년) 국내 온라인게임 시장은 약 4조 1,421억 원에 달할 것으로 전망되며 성장률 또한 21.2% 수준을 유지할 것으로 보인다. 반면, 아케이드게임은 2008년 628억 원 정도의 시장에 78.4%의 성장률을 보였지만 온라인게임이나 모바일게임, 비디오게임에 비해서는 규모가 작다. 즉, 한국에서는 온라인게임 시장이 전체 게임시장에서 가장 큰 비중을 차지하고 있다고 볼 수 있다. 이는 아케이드게임 위주의 유럽이나 일본과 비교해서 뚜렷이 구분되는 특성이다.

이렇게 급격히 성장하고 있는 온라인게임 시장에도 뚜렷한 트렌드가 존재한다. 2003년까지는 리니지, 뮤, 라그나로크 등으로 대표되는 MMORPG (massively multi-player online role playing game) 장르가 대세였다(한국인터넷진흥원, 2008). MMORPG는 온라인 가상세계 속에서 다른 캐릭터들과 경쟁과 협동 등을 하면서 각자의 역할을 수행하는 역할수행게임을 말한다. 그런 후 2004년부터는 넥슨의 '카트라이더'가 등장하면서 누구나 쉽게 즐길 수 있는 캐주얼 게임이 급격히 성장하기 시작한다. 그런 후 2006년부터는 네오위즈의 '스페셜포스'와 CJ인터넷의 '서든어택'을 중심으로 하는 FPS(first person shooting) 게임이 주종을 이루게 되었으며, FPS의 인기는 현재까지도 식지 않고 있다. 아울러 MMORPG와 FPS, MMORPG와 무협게임이 융합한 새로운 장르의 게임도 등장하였다.

최근 시장에서 인기를 누리고 있는 주요 온라인게임들의 목록은 다음과 같다. 아래 순위는 게임순위 전문조사 기관인 게임트릭스에서 해당 게임의 전국 PC방 사용시간을 기초로 산정된 것이다. 상위 10위까지의 게임을 보면, RPG(role playing game)가 5개로 가장 많았으며, 다음으로 FPS(first person shooting)와 RTS(real time strategy simulation)[2)]이 각각 2개씩 존재했다. 특히 FPS인 서든어택은 최근 지속적으로 인기 순위 1위를 유지하고 있으며, 스페셜포스도 꾸준히 6위권을 유지하고 있어 최근의 FPS 열풍을 반영하고 있다. 또한 온라인게임 초창기부터 서비스가 이루어진 리니지, 뮤 등의 게임도 수년간 상위권을 유지하고 있어서, 이들 게임이 온라인게임 이용자들에게 미치는 영향도 그만큼 크다고 추정해 볼 수 있다.

〈표 Ⅰ-17〉 국내 주요 온라인게임 인기 순위

순위	게임명	장르	사용시간 점유율(%)	일평균 (시간)	PC방당 (분)	평균체류 (분)	PC방수
1	서든어택	FPS	12.73	672,945	1,946	61	20,750
2	스타크래프트	RTS	8.35	441,359	1,270	56	20,855
3	리니지 2	RPG	7.45	393,963	1,365	124	17,320

2) RTS 게임이란 턴(turn) 형식으로 상대방과 교대로 공격을 하는 방식이 아니라, 상대방과 동일한 시간에 동시에 모션을 취할 수 있는 전략 시뮬레이션 게임을 말한다.

4	월드 오브 워크래프트	RPG	7.21	381,033	1,297	116	17,624
5	워크래프트 3	RTS	6.17	326,041	1,095	74	17,872
6	스페셜포스	FPS	5.71	301,779	992	76	18,254
7	리니지	RPG	5.07	267,920	902	85	17,833
8	던전앤파이터	RPG	3.60	190,201	658	64	17,350
9	피파온라인 2	스포츠	3.30	174,485	568	47	18,430
10	십이지천 2	RPG	2.80	147,834	721	135	12,300
11	오디션	아케이드	2.72	143,588	512	55	16,828
12	메이플 스토리	RPG	1.93	102,278	412	54	14,901
13	카트라이더	레이싱	1.58	83,575	295	50	17,019
14	한게임 신맞고	고스톱	1.27	67,373	253	19	15,966
15	한게임 로우바둑이	포커	1.23	64,817	314	27	12,374
16	아바	FPS	1.20	63,373	358	75	10,630
17	프리스타일	스포츠	1.08	56,904	294	53	11,627
18	뮤	RPG	1.01	53,577	373	57	8,609
19	로한	RPG	0.80	42,063	449	107	5,625
20	SP1	RPG	0.74	39,021	391	116	5,985
21	아틀란티카	RPG	0.70	36,887	442	168	5,011
22	한게임 하이로우	포커	0.66	34,983	198	20	10,626
23	프리스톤테일 2	RPG	0.66	34,839	453	124	4,617
24	한게임 세븐포커	포커	0.64	33,779	167	23	12,139
25	데카론	RPG	0.63	33,433	350	108	5,735
26	마구마구	스포츠	0.62	33,020	211	56	9,379
27	슬러거	스포츠	0.57	30,384	212	52	8,614
28	카발 온라인	RPG	0.54	28,724	320	120	5,390
29	피망 뉴맞고	고스톱	0.53	27,771	149	36	11,201
30	창천	RPG	0.51	26,802	362	119	4,449

자료: 게임트릭스

본 순위는 2008년 6월 1일에서 6월 30일까지 한 달 간의 데이터를 기초로 일 평균으로 산정된 것임. 보다 상세한 순위 정보는 부록 1번에 제시되어 있다.

또 다른 온라인게임 시장의 주요 특징으로 국내 게임의 해외수출 활성화를 들 수 있다. 국내 온라인게임들은 일본을 비롯하여, 중국, 타이완, 유럽, 미국 등 세계 각국에 수출되고 있다. 이러한 수출이 가장 가시적인 성과를 낳은 곳은 바로 일본 시장이다. 넥슨, CJ인터넷, NHN 등은 일본 수출을 통해 큰 이익을 거두었으며, 현지에서의 상장도 추진하고 있다.

일본 시장이 매력적인 이유는 광대역 서비스가 널리 보급되고 있고 그에 맞춰 가입자수도 지속적으로 늘고 있기 때문이다. 2006년 현재 일본의 광대역 서비스 이용자수는 3,224만 명이고 보급 가구도 1,802만 가구로서 절대 가입자수 면에서는 이미 한국을 추월했다. 또한 중국에 비해 사업의 수행이 편리하고 신용카드 결제가 활성화되어 있어서 수익을 내기가 용이하다. 아울러 일본은 온라인게임을 서비스하는 사이트가 많지 않아 경쟁 게임이 적다는 점도 일본 시장을 매력적으로 만들고 있다(문화관광부 · 한국게임산업진흥원, 2007).

구체적으로, NHN재팬의 경우 전체 회원수가 일본 광대역 가입자의 절반인 1,600만 명을 넘어섰으며, 최대 동시접속자수도 15만 명 이상이다. 넥슨재팬의 '메이플스토리'나 '마비노기' 등도 일본에서 큰 인기를 누리고 있으며, CJ인터넷의 넷마블재팬도 2007년부터 흑자전환되었다. 네오위즈도 게임포털인 '게임추'를 오픈하여 일본 시장 공략에 나서고 있다. 현재 일본 시장에서는 상위 10대 인기 게임 중 한국 게임이 인기 1위인 '라그나로크' 등 총 7개에 달하고 있다.

향후에도 국내 온라인게임들은 지속적으로 해외시장을 공략하기 위해 진출할 것으로 기대된다(문화관광부·한국게임산업진흥원, 2007). 이미 국내 온라인게임 시장의 경쟁이 치열하여 어느 정도 포화상태에 이른 것이 현실이기 때문에, 주요 온라인 포털사들을 중심으로 활발한 해외진출이 이루어질 것이다. 엔씨소프트는 글로벌 인프라의 로컬화 전략에 따라 리처드 게리엇 형제의 '타블라 라사'가 미국에서 런칭하였으며, 넥슨은 일본 시장에서 IPO(Initial Public Offering)를 준비함과 동시에 MTV와의 전략적 제휴를 통해 미국 시장의 공략을 적극 시도하고 있다. NHN은 일본 서비스의 본격적인 상용화를 추진함과 동시에 미국 지역에 미국판 한게임인 이지닷컴(http://www.ijji.com)을 런칭하여 서비스 중에 있다. 네오위즈도 일본 사업을 강화하고 해외 협력관계의 강화를 위해 적극 노력 중에 있다.

또한 비디오게임이 네트워크화되면서 온라인게임과 경쟁을 벌일 것으로 기대된다(문화관광부·한국게임산업진흥원, 2007). 세계적인 비디오 게임기인 Xbox 360와 PS3 모두 무선랜 기능을 지원하고 있다. 또한 비디오게임 시장에 네트워크 기능을 접목시킨 게임 타이틀들이 속속히 출시되고 있다. 이는 전 세계적인 초고속 통신망의 보급과 인터넷 커뮤니티의 발전 등에 기인한 것으로 보인다. 실제로 세계 최대 게임 배급사인 EA(Electronic Arts)는 "향후 3세대 게임기의 누적 보급대수가 최대 1억 5,000만 대로 예측되며, 이 중 40%가 온라인게임으로 돌아설 것"이며 "지금 세계 콘솔게임 업계에 온라인 혁명이 일어나고 있다"고 말한 바 있다. 이러한 추세는 국내 온라인게임 시장의 경쟁을 한층 격화시킬 것으로 보이며, 이에 대한 온라인게임 업체들의 반응이 주목된다.

3 국내 대표 인터넷업체 현황

1) NHN(Next Human Network)[3)]

NHN(대표자: 최휘영)은 국내 1위 검색 포털인 네이버(http://www.naver.com)와 국내 최대 인터넷 게임 포털 한게임(http://www.hangame.com)을 운영하는 대표적 인터넷 기업 중 하나다. NHN은 핵심서비스인 검색과 온라인게임 분야에서 검색 광고, 게임 유료 서비스 등 안정적인 수익모델을 발굴하여 국내 최고의 순익률을 자랑하는 코스닥 시가총액

3) 이 부분은 NHN의 공식홈페이지(http://www.nhncorp.com) 내용을 참고로 하여 작성되었다.

1위의 기업이다. 일본과 중국 등 해외 시장에도 성공적으로 진출하였으며, 미국 법인도 설립함으로써 세계 최고의 인터넷 기업을 향한 도약을 준비하고 있다. 아래의 각 항목에 기초하여 NHN에 대해 보다 자세히 살펴본다.

(1) 주요 연혁

NHN은 1999년 설립된 후 2000년 한게임커뮤니케이션, 원큐, 서치솔루션 등 3개사의 합병을 통해 현재의 모습을 갖추게 되었다. 2002년 코스닥에 등록되었으며, 검색 및 게임 사업에서의 성공을 통해 2004년 코스닥 업종 중 시가총액 1위를 차지하게 된다. 2005년부터 김범수, 최휘영 각자 대표체제로 운영되다가 2007년부터 최휘영 단독 대표체제로 자리잡게 된다.

NHN은 성장과정에서 다양한 회사들을 인수 합병하게 된다. 2003년에 소프트웨어 개발 업체인 ㈜솔루션홀딩스를 인수한 이후, 같은 해 모바일 멀티미디어기술 전문 개발 업체인 ㈜아이브이엔테크놀로지를 인수하였으며, 디지털콘텐츠 전송기술 개발 업체인 퓨처밸리㈜도 인수하였다. 2006년에는 게임개발사인 ㈜네오플 지분의 60%를 인수하였고, 검색전문회사인 ㈜첫눈, 스토리지 전문업체인 데이터코러스도 자회사로 편입시켰다.

해외사업과 관련해서도 NHN은 활발한 행보를 보였다. 설립 직후인 2000년부터 한게임재팬과 네이버재팬을 설립하여 일본 시장의 공략을 준비하였으며(이후 NHN재팬으로 일본 법인을 통합하였다), 2004년에는 중국 해홍사(社)와 합작 법인을 설립하여 NHN 중국법인인 롄종을 설립하여 공동 경영을 시작하였다. 또한 2005년에 NHN USA를 설립하여 2007년에 게임 포털 서비스인 'ijji.com'의 정식 서비스를 개시하였다. 또한 일본에서 검색사업을 강화하기 위해 2007년에 네이버재팬을 설립하였으며, 일본 검색 준비를 지원하기 위해 NHST를 설립하기도 했다.

이러한 활발한 사업 활동의 결과, NHN은 다양한 상을 사회 각층에서 받게 되었다. 2000년 조선일보로부터 포털 부문에서 대상을 수상한 이후로, 2002년 한국능률협회컨설팅으로부터 게임 부문 1위 상도 받았다. 이후에도 서비스품질, 인재경영, IR(Investor Relations), 사회공헌, 브랜드 경쟁력, 남녀 고용평등, 청소년 보호 등 다양한 분야에서 우수한 성과를 보여 주었다.

(2) 비전과 가치

이러한 NHN의 눈부신 발전의 이면에는 조직의 모든 구성원들에게 NHN이 가진 비전과 핵심가치를 전달하고 이를 달성하기 위한 부단한 노력이 자리잡고 있다. NHN이 가진 비전은 "사람들에게 이로운 가치를 주는 것"이며, 보다 구체적으로 "젊은 생각으로 새로운 네트워크 세상을 만들어 인류의 삶을 풍요롭게 합니다"가 그것이다. 인터넷은 그 특성상 전환비용(switching cost)이 거의 없기 때문에 이용자들에게 실질적인 가치를 제공하고 신뢰를 얻는 것이 인터넷 사업에서의 성공을 위해 가장 중요하다. 변화무쌍하고 어느 방향으로 튈지 모르는 인터넷 환경에서 NHN은 이용자들에게 이로운 가치를 제공하기 위해 끊임없이 새로운 아이디어와 새로운 변화를 찾아야 된다는 관점을 조직의 내부 구성원에게 지속적으로 강조함으로써 새로운 서비스를 개발하여 제공하고 있다. NHN은 앞으로도 더욱 새로운 개념의 네트워크 세상을 만들어 인터넷 그 이상의 가치를 통해 삶의 질을 향상시키고 새로운 문화를 창출하여 세계 모든 이들이 풍요로운 삶을 누릴 수 있도록 한다는 목표를 가지고 있다.

이러한 비전을 실현하기 위해 NHN은 다음과 같은 6가지 항목을 핵심가치로 설정하여 전 구성원들에게 심어 주고 있다. NHN은 이용자들에게 지속적인 가치를 제공하기 위해 조직 구성원들의 창의와 혁신, 그리고 도전을 강조하고 있다. 또한 구성원들 모두가 자신의 일에 열정과 주인의식을 갖고 임할 때 이러한 창의, 혁신, 도전이 가능하다는 것이다. 나아가 현재의 자리에서 교만해지지 않고 항상 겸손한 자세로 스스로를 돌아보고 노력하는 태도 역시 이용자들에게 지속적으로 이로운 가치를 제공하기 위해 필요한 것으로 강조하고 있다.

(3) 사업 영역

NHN의 사업 영역은 크게 4가지로서, 검색사업, 게임사업, 광고사업, 전자상거래가 그것이다. 각각에 대해서 아래에서 자세히 살펴보자.

① 검색사업

먼저, NHN은 검색 시장에서 독보적인 시장 점유율을 기록하고 있다. 아래 그림에서와 같이 2005년 1월 65% 전후였던 네이버의 검색 점유율은 현재 78%를 상회할 정도로 크게 성장하였다. 이러한 네이버의 독점적인 시장 점유율은 2008년에도 지속되고 있다.

이러한 NHN의 검색사업의 수익모델은 소위 키워드 광고다. NHN은 2001년 5월, 업계 최초로 특정 키워드를 검색하면 관련 업체의 홈페이지가 노출되는 키워드 검색 광고를 실시하였고, 이 부문에서 매년 빠른 성장세를 기록해 왔다. 2002년에는 전년도 대비 무려 600% 이상 매출이 증대되었으며, 이후 100% 전후의 경이적인 성장률을 보였다. 2007년 NHN의 검색 매출은, 전년 대비 63.2% 성장한 4,873억 원을 기록하며 NHN 매출 중 53%의 비중을 차지했다. 2010년 한국의 검색 광고 시장은 약 1조 원 규모에 이를 것으로 전망되며, NHN은 해당 시장에서 점유율을 꾸준히 늘려

〈표 Ⅰ-18〉 주요 검색서비스 주간 시장 점유율 (단위: %)

기간	네이버	다음	엠파스	야후	구글
2008-3-31	76.29	11.06	4.21	4.70	2.30
2008-4-7	76.96	11.21	4.00	4.27	2.04
2008-4-14	75.15	11.95	4.28	4.62	2.54
2008-4-21	75.31	11.57	4.54	4.42	2.59
2008-4-28	75.57	12.26	4.50	4.13	2.22
2008-5-5	76.64	11.41	4.75	3.76	2.16
2008-5-12	76.15	11.58	4.74	4.06	2.21
2008-5-19	76.48	11.46	4.79	3.78	2.37
2008-5-26	76.65	11.55	4.78	3.47	2.42
2008-6-2	77.14	11.39	4.60	3.18	2.57

자료: 코리안클릭

〈표 Ⅰ-19〉 NHN 검색 매출액 추이 (단위: 억 원)

연도	검색 매출액	증가율(%)	연도	검색 매출액	증가율(%)
2001	23	–	2005	1,732	102
2002	163	609	2006	2,987	72
2003	418	156	2007	4,873	63
2004	858	105	2008	6,085	25

자료: NHN 공식홈페이지(http://www.nhncorp.com)

나가며 검색사업 분야에서도 독보적인 선두 지위를 유지하고자 노력하고 있다.

② 게임사업

NHN이 운영하고 있는 게임 포털 한게임은 1999년 12월 국내 최초로 인터넷 게임이라는 새로운 장르를 개척하였다. 현재 캐주얼 게임뿐 아니라 온라인 RPG, 1인칭 슈팅 게임, 스포츠 게임 등 다양한 라인업을 갖춘 280종 이상의 게임을 서비스하는 국내 최대의 게임포털로 자리잡았다. 또한 NHN은 2002년부터 온라인게임 퍼블리싱 사업을 추진해 다양한 장르의 게임을 서비스하고 있으며 한·중·일·미에 마련된 글로벌 게임 플랫폼을 통해 완성도 높은 700개 이상의 게임 콘텐츠를 제공하며, 전 세계 100만 명 이상의 동시접속자를 확보한 글로벌 게임 포털로서의 입지를 확립하고 있다. NHN은 2006년 국가브랜드경쟁지수(NBCI) 게임포털 부문에서 2년 연속

〈표 Ⅰ-20〉 NHN 게임 매출액 추이 (단위: 억 원)

연도	게임 매출액	증가율(%)	연도	게임 매출액	증가율(%)
2001	130	–	2005	921	6
2002	337	159	2006	1,288	40
2003	771	129	2007	2,429	89
2004	870	13	2008	3,667	51

자료: NHN 공식홈페이지(http://www.nhncorp.com)

〈표 Ⅰ-21〉 NHN 광고 매출액 추이 (단위: 억 원)

연도	광고 매출액	증가율(%)	연도	광고 매출액	증가율(%)
2001	70	–	2005	588	73
2002	187	167	2006	950	62
2003	330	76	2007	1,214	28
2004	340	3	2008	1,390	15

자료: NHN 공식홈페이지(http://www.nhncorp.com)

1위로 선정(한국생산성본부)된 바 있으며, 향후 고객의 요구를 최대한 반영한 게임 콘텐츠의 질적 향상을 통해 게임사업을 지속적으로 강화하고 국내 온라인 게임 시장은 물론 일본, 중국 등 해외에서도 시장 선두로서의 위상을 확고히 하고자 노력하고 있다.

③ 광고사업

NHN은 국내 최고 검색 페이지뷰 및 순방문자수를 확보하고 있는 네이버와 한게임 서비스를 통해 최적의 온라인 마케팅 플랫폼을 제공하고 있다. 2009년도 NHN의 디스플레이 광고 매출은 1,504억 원을 달성하였으며 이는 NHN 총 매출 중 12.2%의 비중을 차지하고 있다.

NHN은 네이버와 한게임의 No.1 브랜드 인지도를 기반으로 사용자와 광고주 모두를 만족시킬 수 있도록 보다 나은 인터페이스를 마련하고 온라인 디스플레이 광고 사업의 꾸준한 성장을 이끌어 나갈 계획을 갖고 있다.

④ 전자상거래

NHN은 2003년 10월 국내 최대의 쇼핑관련 정보를 제공하는 쇼핑 지식 검색부터 가격비교, 안전구매까지 온라인쇼핑에 필요한 모든 과정을 한 번에 지원하는 '지식쇼핑'을 선보였다. 오픈 이후 매 분기마다 가파르게 성장한 네이버 지식쇼핑은 2008년에 전년대비 47% 성장한 844억 원의 매출을 기록했다. 네이버 지식쇼핑은 향후 꾸준한 개선을 통해 다양하고 정확한 상품정보를 제공함으로써 고객들의 바람직한 구매를 돕는 쇼핑포털로 거듭

〈표 Ⅰ-22〉 NHN 전자상거래 매출액 추이 (단위: 억 원)

연도	전자상거래 매출액	증가율(%)	연도	전자상거래 매출액	증가율(%)
2001	10	–	2005	233	114
2002	45	350	2006	401	72
2003	62	38	2007	574	43
2004	109	76	2008	844	47

자료: NHN 공식홈페이지(http://www.nhncorp.com)

날 것이다.

(4) 재무 구조

NHN은 이러한 여러 서비스에서의 성공을 토대로 탄탄한 재무구조를 확립할 수 있게 되었다. 매출액과 당기순이익은 매년 큰 폭으로 성장하며 매년 사상 최고치를 갱신해 왔다. 매출액은 매년 50~60%씩 증대되어 왔으며, 당기순이익도 2005년을 제외하고는 매년 매우 큰 폭으로 향상되어 왔다. 2007년의 경우 연간 매출액 9,202억 원, 영업이익 3,895억 원을 기록하여 전년 대비 각각 60.5%, 69.7% 성장하는 모습을 보였다. 2007년 연간 매출액을 매출원별로 살펴보면, 검색 매출이 53%, 게임 매출이 26%, 광고 매출이 13%, 전자상거래 매출이 6%, 기타 매출이 2%를 차지했다. 매출액 대비 당기순이익의 비율도 2005년을 제외하고는 매년 25%에서 30%라는 높은 수준을 유지하고 있으며, 매출액 대비 영업이익의 비율은 매년 33%에서 42%라는 경이적인 수준을 기록하고 있다.

〈표 Ⅰ-23〉 NHN 손익계산서 (단위: 100만 원)

구 분	2004	2005	2006	2007	2008
매출액	229,383	357,494	573,398	920,209	1,208,127
영업이익	74,704	131,472	229,560	389,491	491,175
계속사업이익	62,869	51,717	218,724	394,317	517,101
당기순이익	53,987	9,108	151,982	280,108	365,702

자료: 금융감독원

나아가, 2007년에는 해외 매출을 포함하면 매출액이 1조 원을 넘어서는 대기록을 세웠다. 일본의 경우 93.7억 엔의 매출과 11.2억 엔의 영업이익을, 중국의 경우 2억 2,668만 RMB의 매출과 1,749만 RMB의 영업이익을 기록한 것으로 조사되었다. 2008년에는 일본과 미국의 경우 각각 23%, 195% 정도의 매출성장을 기록하고 있다.

2) 넥슨[4)]

넥슨은 1996년 세계 최초로 그래픽 온라인게임인 '바람의 나라'를 개발하여 상용화한 회사로서 국내 최고 수준의 게임 개발력과 퍼블리싱 역량을 가진 회사로 꼽힌다. 아래의 각 항목에 기초하여 넥슨에 대해 보다 자세히 살펴보자.

(1) 주요 연혁

넥슨은 현 김정주 사장에 의해 1995년 창업된 이래 게임 역사상 많은 기록을 세운 국내 대표적인 게임회사다. 세계 최초의 머그 게임인 '바람의 나라'를 1996년 PC통신에서 런칭한 이후, 1997년 '어둠의 전설', 1998년 '일랜시아', 1999년 '택티컬 커맨더스' 및 '퀴즈퀴즈'. 2001년 '아스가르드', 2002년 '건바운드', '크로노스', '올리포스 가디언', '마비노기', 2004년의 카트라이더 등으로부터 현재까지 매년 새로운 게임을 시장에 선보이며, 새로운 기록을 세우고 있다.

또한 넥슨은 일찍부터 해외 시장에 관심을 두고 해외 법인을 설립하였다. 창업 초기인 1997년에 이미 미국 실리콘밸리에 넥슨 미국 현지법인을 설립했으며, 이후 1999년에는 일본에, 2000년에는 싱가포르에 현지법인을 세웠다. 이 외에도 중국, 타이완, 인도네시아 등 세계 각지에 넥슨은 게임을 라이센스 수출하여 서비스해 왔다.

---

4) 이 부분은 넥슨의 공식홈페이지(http://company.nexon.com)의 내용을 참고로 하여 작성되었다.

넥슨은 소위 국민게임이라 불리는 '카트라이더'의 중국 동시접속자수가 2007년 2월 80만 명을 돌파하는 대기록을 세웠다. 또한 '메이플스토리'는 2006년 국내 회원수 1,400만, 세계 회원수 4,000만, 동시접속자수 20만 명을 돌파하였다. '비앤비'의 경우 2004년에 중국에서 동시접속자수 70만 명을 돌파하여 세계 신기록을 세운 바 있다. 넥슨의 종합 게임 포털인 '넥슨닷컴'은 2004년 게임포털 방문자수 1위를 기록한 이후 지속적으로 상위권을 유지하고 있다.

(2) 비전과 가치

게임 개발사 및 퍼블리셔로서 넥슨이 가지고 있는 비전은 다음과 같다. 즉, 넥슨은 온라인게임의 개발/퍼블리싱을 기반으로 한 미디어와 콘텐츠를 고객에게 제공하고 넥슨 구성원들의 꿈을 실현할 수 있는 틀이 되는 회사를 지향한다. 넥슨의 일차적인 목표는 일류의 제품과 서비스를 지속적으로 추구하여 고객에게 즐거움과 기쁨을 제공하고, 회사 구성원들에게는 성장의 기회를 부여하는 데 있는 것이다.

이러한 비전을 실현하기 위해 크게 4가지 핵심가치를 추구하고 있다. 첫째는 창의(creativity)다. 넥슨은 새로운 미디어/콘텐츠로 시장을 이끌어 나간다. 이를 위해 넥슨은 직원들에게 독창적이고 자유로운 기업 분위기를 제공하기 위해 끊임없이 고민하고 노력하고 있다. 웰빙 사무실이라고 불릴 정도의 산뜻하고 자연스러운 인테리어 공간과 독특하고 편안한 휴식 공간 등도 이러한 넥슨의 노력을 반영하고 있다. 넥슨의 이러한 투자는 직원들의 사기를 높이고 업무 만족도를 높였음은 분명하다. 이러한 분위기 속에서 넥슨 직원들은 보다 새롭고 자유로운 발상을 통해 시대를 선도하는 도전을 펼치고 있다. 이러한 도전(challenge)이 넥슨의 두 번째 가치다. 넥슨은 더 나은 미디어/콘텐츠를 만들기 위해 끊임없이 도전하고 있다.

셋째는 고객지향(customer-focused)이다. 넥슨은 '사람'을 자원으로 생각하는 기업이다. 특히 넥슨은 자신의 게임에 열광하고 즐겨 주는 고객을 제1의 가치로 생각하고 있다. 지금까지 넥슨이 창의적인 게임의 개발과 퍼블리싱을 통해 고객의 마음속 깊이 다가설 수 있었던 것도 바로 '고객 만족'을 핵심가치로 삼았기 때문이다.

마지막 가치는 팀워크(co-operation)다. 넥슨은 사내 구성원, 사외 협력업체들과 공동의 이익을 달성하기 위해 더불어 커 나간다. 고객을 만족시키기 위한 창의적인 제품/서비스는 결코 어느 한 개인이나 조직의 힘에 의해 만들어지지 않음을 넥슨은 명확히 알고 있다. 이러한 원리는 넥슨과 전략적 제휴를 행하는 많은 협력업체들과의 관계에도 적용된다. 넥슨은 고객에게 제공될 제품/서비스에 관련된 모든 구성원들과의 협력을 통해 고객에게 최고의 가치를 제공함과 동시에 모든 구성원들도 보다 성장할 수 있기를 도모한다.

(3) 사업 영역

넥슨의 사업 영역은 크게 4가지로 구분된다. 게임 개발과 서비스, 게임 퍼블리싱, 게임 개발지원, 캐릭터 비즈니스가 그것들이다. 아래에서 각각에 대해서 보다 자세히 알아본다.

① 게임 개발과 서비스

넥슨은 RPG, 전략, 보드 등 모든 장르를 망라하는 다양한 라인업의 게임들을 자체적으로 개발할 수 있는 역량을 지니고 있다. 새로운 개념의 2세대 MMORPG인 '마비노기'와 국민게임으로 자리잡은 레이싱 게임 '카트라이더'는 넥슨이 끊임없이 신규 게임 개발에 전념하는 모습을 잘 반영하고 있다.

② 게임 퍼블리싱

게임 퍼블리싱이란 양질의 게임 콘텐츠를 외부에서 도입하여 유통하고 마케팅하여 수익을 거두어 콘텐츠 제공자와 그 수익을 분배하는 사업 형태를 말한다. 게임 산업이 성장하고 경쟁이 치열해짐에 따라 게임 비즈니스에서 마케팅과 유통의 역할이 매우 중요해지고 있다. 넥슨은 최고의 기술진과 마케팅 전문가들을 확보하고 있으며, 이들이 퍼블리싱 사업을 성공적으로 이끌고 있다.

넥슨이 퍼블리싱하는 게임들은 넥슨닷컴(www.nexon.com)을 통해 서비스된다. 넥슨닷컴은 동시접속자 50만 명, 월간 순방문자 1,200만 명의 대형 게임포털로서 우리나라 게이머들에게 새로운 게임을 홍보하고 체험하게 하는 좋은 플랫폼 역할을 수행한다. 또한 넥슨닷컴은 온라인게임에서 중요한 커뮤니티 기능을 제공하고 있다. 게임별로 차별화된 홈페이지를 제공하고 있으며, 24시간 언제든지 게이머들이 불편을 느끼지 않도록 고객지원 서비스를 제공하고 있다. 또한 게임의 다이내믹한 홍보를 위해 필요한 각종 멀티미디어 기능을 보유하고 있기도 하다.

넥슨은 퍼블리싱 게임들이 다양한 수익모델을 실현하기 위해 필요한 제반 조건들을 제공하고 있다. 우선, 넥슨캐시라는 월 평균 700만 명 이상이 사용하는 게임 내 범용화폐가 있으며, 핸드폰, 신용카드, 문화상품권, 선불카드 등 다양한 결제수단을 제공한다. 또한 전체 PC방의 90%에 달하는 가맹점을 확보하고 있어 퍼블리싱 게임을 효과적으로 유통하고 있다. 아울러, 모바일, 라이센스사업, 광고/PPL(product placement) 등 다양한 부가사업에 대한 노하우를 보유하고 있기에, 퍼블리싱게임들의 수익 실현을 보다 용이하게 해 주고 있다.

넥슨은 개발사가 보다 효과적으로 개발에 임할 수 있게 해 주는 효율적인 조직구도를 가지고 있다. 우선, 넥슨은 스스로 온라인게임을 개발하기도 하기 때문에 외부 개발사의 마인드도 잘 이해할 수 있으며, 자체 게임 개발 중에 얻게 된 노하우를 개발사와 공유하는 등 개발사와의 파트너십을 지향한다. 또한 최상의 게임 서비스를 위한 유기적인 퍼블리싱 지원 조직을 구성함으로써 개발사와의 시너지 효과를 극대화하고 있다. 즉, 개발사는 게임의 개발에만 전념하게 하고, 그 외 웹 개발, 기술지원, 마케팅 및 홍보, 고객지원, PC방 영업, 게임운영 등 제반 사항은 넥슨에서 전담하게 된다.

③ 게임 개발지원

넥슨은 국내 굴지의 패키지 게임 개발사와 제휴하여 여러 가지 공동 프

〈표 I-24〉 넥슨의 인큐베이팅 사업 연혁

연도	주요 연혁
2001	소프트맥스와 '테일즈 위버' 공동개발/서비스
2002	현무인터렉티브와 '슈퍼택틱스' 서비스 아이에스 인터렉티브와 온라인 게임 공동 개발 소프트맥스, 손오공과 비앤비 어드벤처 패키지 게임 출시 리자드인터렉티브와 '크로노스' 서비스
2003	㈜넥슨-(주)부즈, '뿌까' 온라인 게임 공동개발 발표
2005	㈜넥슨-㈜올엠, '루니아전기' 퍼블리싱 계약 체결 ㈜넥슨-㈜탑픽, '오즈 프로젝트(가칭)' 퍼블리싱 계약 체결 드림익스큐션과 '워록' 서비스

자료: 넥슨의 공식홈페이지(http://company.nexon.com)

로젝트들을 진행하고 있으며, 기술력 있는 게임 개발사를 발굴하여 게임 개발비도 지원하고, 기술 컨설팅도 수행하는 등 인큐베이팅(incubating) 사업에도 참여하고 있다. 넥슨의 인큐베이팅 사업 연혁이 〈표 I-24〉에 정리되어 있다.

④ 캐릭터 비즈니스

앞에서도 언급하였듯이 넥슨닷컴은 국내 최대의 게임 포털 중 하나로서, 동시접속자 50만 명, 일 평균 방문자 400만 명을 확보하고 있다. 이렇듯 많은 게이머들이 넥슨닷컴에서 서비스 중인 게임들의 캐릭터들과 호흡하고 있다. 넥슨은 이러한 넥슨 게임들의 캐릭터를 인터넷 광고, 전문 잡지 등을 통해 프로모션하고 디지털 상품, 출판, 완구, 팬시 상품 등 다양한 방식으로 머천다이징(merchandizing)하고 있다. 이를 통해 넥슨 캐릭터들의 영속성이 한층 강화되고 있다.

2000년 온라인 퀴즈게임 '퀴즈퀴즈'의 캐릭터 상품을 출시한 이래, 2002년 '크레이지 아케이드'의 캐릭터 상품화를 시작함으로써 넥슨은 본격적인 게임 캐릭터 사업화의 길을 열었다. 2004년 '메이플스토리'의 캐릭터 상품들은 어린이들에게 폭발적인 반응을 얻고 있다. 실제로 2004년 열린 2004 대한민국 만화, 애니메이션, 캐릭터 대상 시상식에서 메이플스토리의 캐릭터가 신규캐릭터 상을 수상하였고, 2004년 12월에는 메이플스토리 관련 만화인 '코믹 메이플스토리'가 100만 부를 돌파하면서 밀리언 셀러가 되어 출판업계를 놀라게 했다. 그 외에도 마비노기, 카트라이더 등 여러 넥슨 인기 게임들의 캐릭터가 다양한 형태로 상품화되고 있다.

(4) 재무 구조

넥슨은 인터넷 기업 중에서도 아주 재무적 건전성이 높은 기업으로 꼽힌다. 창사 이래 지속적으로 흑자를 기록해 왔으며, 최근에도 지속적으로 성장세를 유지하고 있다. 넥슨의 작년도 매출액은 2,112억 원 가량으로서 전년대비 7% 성장하였다. 같은 기간 당기순이익은 무려 59%나 증가하여 작년 당기순이익은 856억 원을 넘어섰다. 작년에 매출액영업이익률은 39.60%, 매출액순이익률은 40.54%, 총자산순이익률은 43.93%, 자기자본순이익률은 78.35%를 기록하는 등 넥슨은 높은 수익성을 자랑하고 있다.

〈표 I-25〉 넥슨의 손익계산서 (단위: 원)

구분	2006	2007
매출액	196,658,764,867	211,244,716,376
매출원가	36,646,789,592	39,716,571,661
매출총이익	160,011,975,275	171,528,144,715
판매비와 관리비	79,057,967,884	87,867,156,651
영업이익	80,954,007,391	83,660,988,064
영업외수익	4,795,724,599	43,137,980,434
영업외비용	11,770,770,537	11,442,260,481
법인세비용차감전순이익	73,978,961,453	115,356,708,017
법인세비용	20,070,754,140	29,723,533,086
당기순이익	53,908,207,313	85,633,174,931

자료: 금융감독원

3) SK커뮤니케이션즈[5)]

2002년 11월 출범한 SK커뮤니케이션즈는 사용자 중심 웹 2.0포털 네이트닷컴(www.nate.com), 커뮤니티 사이트 싸이월드(www.cyworld.com), 감성 메신저 네이트온(nateon.nate.com), 전문 블로그 서비스 이글루스(www.egloos.com), 온라인 교육 기업 이투스(www.etoos.com) 등을 운영하는 종합 인터넷 기업이다.

SK커뮤니케이션즈는 커뮤니티 서비스를 강화하고 차별화된 서비스를 지속적으로 런칭한다는 전략을 통해 2004년 6월부터 포털업계 페이지뷰 부문에서 다음을 누르고 사상 처음으로 1위를 차지했으며, 2005년 3월에는 독보적 존재였던 MSN 메신저를 누르고 네이트온이 국내 메신저 시장에 1위로 등극함으로써 인터넷 업계를 새롭게 재편하고 있다.

이러한 성장에는 커뮤니티 사이트 '싸이월드'의 약진이 그 발판이 되고 있으며, 개방형 관심 네트워크 서비스 '통', 홈페이지 2.0 서비스 '홈 2' 등 신개념의 인터넷 서비스를 통해 새로운 고객층을 확보, SK커뮤니케이션즈의 지속적인 성장에 기여하고 있다.

또한, SK커뮤니케이션즈는 싸이월드의 2,200만 회원을 기반으로 사회참여활동 '사이좋은 세상' 및 열린문화공간 '스테이지'를 오픈, 사회에 대한 지속적인 관심을 표명하고 있으며, 싸이월드를 필두로 중국, 일본 등 해외시장에도 본격 진출, 아시아권을 시작으로 미국 및 유럽권 확대를 통해 글로벌 전략을 활발히 추진할 예정이다.

(1) 주요 연혁

SK커뮤니케이션즈는 ㈜싸이월드와 라이코스코리아㈜, 엠파스 등을 합병하면서 현재의 모습을 갖추었다. 미니홈피로 유명한 커뮤니티 서비스 싸이월드는 1999년 오픈한 이후 매년 지속적인 업그레이드를 거치면서 인터넷

5) 이 부분은 SK커뮤니케이션즈의 공식홈페이지(http://corp.nate.com)의 내용을 참고로 하여 작성되었다.

이용자들에게 많은 사랑을 받았다. 그 결과 2004년 싸이월드의 가입자가 1,000만 명을 돌파하였으며, 2007년에 2,000만 명을 넘어섰다. 싸이월드는 중국을 비롯하여 타이완, 미국, 일본, 독일 등 세계 각지에서 서비스 중이며, 베트남 등과도 합작법인 설립을 위한 계약을 체결한 상황이다.

SK커뮤니케이션즈는 다양한 기업들과 전략적 제휴 및 인수합병을 진행하여 인터넷 이용자들에게 양질의 서비스를 지속적으로 제공하기 위해 노력해 왔다. 2001년에는 구글과 웹페이지 검색에 대한 검색 솔루션을 도입하기 위해 전략적 제휴를 체결하였고, 2002년에는 ㈜뮤직시티와 제휴하여 '뮤직샵'을 오픈하기도 했다. 2005년에는 타이완 서비스를 위해 홍콩의 Cherry-picks사와 조인트벤처 계약을 체결하였고, 2006년에는 블로그 전문 서비스 업체인 이글루스 및 온라인 교육기업인 이투스와 합병하였다. 또한 이투스는 '청솔학원'과 전략적 제휴를 맺기도 했다.

SK커뮤니케이션즈는 지속적인 업그레이드를 통해 혁신적 서비스를 끊임없이 런칭해 왔다. 2000년에는 '전자상거래몰'을, 2001년에는 엔터테인먼트 콘텐츠의 대폭 보강을, 2002년에는 싸이월드 미니홈피의 '미니룸'과 '뮤직샵' 서비스를, 네이트닷컴에서는 유무선연계 쇼핑몰인 '네이트몰'을, 2003년에는 싸이월드 폰폴더 서비스를, 2004년에는 1인 퍼블리싱 미디어/페이퍼를, 2006년에는 싸이월드의 마켓커뮤니티인 '싸이마켓'을, 2007년에는 엠파스와 검색서비스 통합을, 2008년에는 싸이월드의 검색 기능을 강화한 '포털형 개편' 등을 진행하였다. 이렇게 끊임없이 서비스를 업그레이드해 온 것이 SK커뮤니케이션즈의 성공을 낳았다고 볼 수 있다.

(2) 비전

이렇게 눈부신 진화를 거듭해 온 SK커뮤니케이션즈는 '세계인의 꿈을 만드는 글로벌 인터넷 기업'을 기업의 최종 비전으로 삼고 있다. SK커뮤니케이션즈는 구글이나 야후에 버금가는 글로벌 인터넷 기업으로 성장하고자 노력 중이다. 현재 싸이월드는 중국, 일본, 미국, 타이완, 유럽, 동남아 등 전 세계에 진출하여 활발한 서비스를 실시하고 있다.

이를 위해 SK커뮤니케이션즈는 서비스의 철저한 현지화를 추구하고 있다.[6] 예를 들어, SK커뮤니케이션즈가 가장 먼저 진출한 중국의 경우 댓글의 글자수 제한이 없는 중국 인터넷 문화의 특성을 반영하였다. 사진을 통해 사용자 간 커뮤니케이션을 유도하는 '앨범 채널' 서비스는 중국 싸이월드에서만 제공하는 것이다. 또한 개성이 강한 일본인의 국민성을 감안해 일본의 미니홈피에는 미니룸을 없애고 그 자리에 자신이 원하는 사진과 글을 올릴 수 있게 하였다. 점성술에 특별히 관심이 많은 타이완인들을 위해 '에니어그램'이라는 서비스를 타이완에 단독으로 오픈했다. 또한 미국의 경우, 다양한 인종으로 구성된 미국 사회의 특성을 반영하여 미니미의 피부색, 표정, 의상 등 선택의 폭을 넓혔으며, 팝업 창에 익숙하지 않은 미국 인터넷 이용자들의 특성을 고려하여 브라우저에서 미니홈피 여러 개가 열릴 수 있게 별도의 탭을 만들기도 했다.

4) 엔씨소프트[7]

엔씨소프트는 국내 최대 MMORPG인 리니지로 유명한 대표적 게임개발사이자 퍼블리셔다. 1997년 설립되어 2000년부터 본격적인 해외 진출을 시작한 엔씨소프트는 아시아, 유럽, 북미 등 세계 시장 진출을 위한 글로벌 네트워크를 확보하고 있으며, 이를 바탕으로 전 세계를 아우르는 글로벌 온라인게임 퍼블리셔로 도약하고 있다.

엔씨소프트는 탁월한 온라인게임 개발 역량을 갖추고 있다. 먼저, 엔씨소프트는 국내에 900명, 해외에 330명 등 세계 최대 규모의 온라인게임 연구개발 인력을 보유하고 있다. 이러한 양질의 연구개발 인력을 통해 최고의 온라인게임 포트폴리오 구성 능력과 창의적 콘텐츠 개발 역량을 갖추고 있

---

6) 이 단락의 내용은 2006년 10월 11일자 한국경제신문의 「새로운 지평을 열자」 SK커뮤니케이션즈 '싸이월드' … "지구촌 네티즌 모두 일촌 맺게"라는 기사 중 일부를 수정하여 인용하였다.

7) 이 부분은 엔씨소프트의 공식홈페이지(http://www.ncsoft.net)의 내용을 참고로 하여 작성되었다.

다. 또한 대규모 게임 서비스 제공 및 운영 능력과 신뢰성 높은 네트워크 관리 운영 능력, 사용자 위주의 게임 지원 시스템, 선진화된 게임 운영 방식 툴 등을 갖고 있다.

또한 엔씨소프트는 글로벌 비즈니스를 위한 강력한 네트워크를 갖고 있다. 세계 주요 지역에 자회사 형태의 퍼블리싱 법인을 보유하고 있으며, 실제로 게임 서비스를 현지화하여 성공한 사례도 많이 갖고 있다. 해외 자회사 네트워크를 통해 다양한 글로벌 비즈니스 모델도 실행에 옮기고 있다.

마지막으로, 엔씨소프트는 최고의 브랜드 파워를 갖고 있다. 리니지, 리니지 II 등 엔씨소프트의 대표 게임들은 국내 게임 시장 점유율 1위를 차지하고 있다. 미국에서도 시장 점유율 2위를 기록하고 있는 등 엔씨소프트는 국내외에서 높은 브랜드 인지도 및 리더십을 발휘하고 있다. 이제, 아래의 각 항목에 기초하여 엔씨소프트에 대해 보다 자세히 살펴보자.

(1) 주요 연혁

엔씨소프트는 1998년 한국 최초로 온라인게임 리니지를 서비스한 이래, 2003년에는 리니지 II, 2005년에는 북미시장 최고 히트작인 길드워 등을 잇따라 출시하였다. 200년에 미국과 타이완에 진출하였고, 2001년에 매출 1,000억을 달성하였고 북미 서비스를 개시하면서 세계 동시접속자수가 30만 명을 돌파하였다. 2003년 리니지 II 출시와 함께 코스닥에서 한국증권거래소로 이전 상장하였으며, 2004년에 매출이 2,000억 원을 돌파하였다. 2000년 미국지사, 2001년 일본지사, 2003년 타이완 및 중국지사, 2004년 태국지사, 2005년 유럽지사 등 해외 지사 설립도 활발하게 이루어졌다.

5) 다음커뮤니케이션[8)]

다음커뮤니케이션은 커뮤니케이션 서비스인 '한메일넷'과 온라인 커뮤니

8) 이 부분은 다음커뮤니케이션의 공식홈페이지(info.daum.net/kor)의 내용을 참고하여 작성되었다.

티 서비스인 'Daum카페'로 출발하여, 최근에는 새로운 형태의 온라인 미디어 서비스인 '미디어 Daum'을 통해 고객과의 접점을 넓혀 가고 있는 대표적 인터넷 기업이다. 아래의 각 항목에 기초하여 다음커뮤니케이션에 대해 보다 자세히 살펴보자.

(1) 주요 연혁

1995년 설립된 다음커뮤니케이션은 한메일넷, 다음카페로 국내 온라인 서비스 시장의 막을 열었다. 이후 1999년 인터넷 포털 서비스인 '다음'을 새롭게 런칭함으로써 국내 최대의 커뮤니티로서 높은 인기를 구가하였다. 2003년에는 미디어다음 서비스를 시작함으로써 인터넷 미디어기업으로서의 비전을 실현하기 위한 첫걸음을 내딛었다. 이후 쇼핑몰을 오픈하고 커머스 부문을 분할시키며 쇼핑하우 서비스를 오픈하는 등 마켓 플레이스 서비스도 강화했다. 또한 라이코스를 인수함으로써 미국 시장에도 진출하고 일본 시장도 개척했다. 최근에는 UCC 서비스를 강화함으로써 새로운 도약을 이루어 냈고, 티스토리의 지분을 인수함으로써 블로그 시장도 공략하기 시작했다. 다음커뮤니케이션은 높은 트래픽과 충성도 높은 회원들과 함께 새로운 인터넷 비즈니스를 펼쳐 나가고 있으며, 새로운 인터넷 문화를 이끌어 나가는 리더로서 깨끗한 인터넷 문화를 만들기 위해 앞장서고 있다.

(2) 비전과 가치

다음커뮤니케이션은 전 세계 고객들과 함께 즐겁게 세상의 변화를 만들어 가는 것을 추구하고 있다. 누구도 생각하지 못했던 아이디어로 세상을 더 즐겁게 변화시키고, 누구에게나 편리함과 새로움을 제공하여 모든 사람들이 희망하는 일상생활의 바람을 충족시켜서 또 다른 희망을 꿈꿀 수 있게 하여 그 꿈이 이상이 실현될 수 있다는 믿음을 갖게 하는 것이 다음커뮤니케이션이 추구하는 가치라고 선언하였다. 이러한 가치가 실현되는 세상을 만들기 위해 다음은 인터넷 미디어 기업이라는 비전을 제시하고 있다. 다음커뮤니케이션은 인터넷 미디어 기업으로서 "사람과 사람, 사람과 사회를 잇는 새로운 커뮤니케이션 세상을 열어 가고자 한다." 다음커뮤니케이션은 국내 제1의 인터넷 미디어 기업뿐 아니라 전 세계 속으로 뻗어 나가는 글로벌 미디어 기업이 되어 다음의 꿈과 가치를 고객들과 함께 이루어 간다는 비전을 가지고 있다.

제 II 장

네오위즈의 역사

네오위즈는 1997년 5월 8명의 대학원생에 의해 설립된 우리나라를 대표하는 인터넷 기업 중 하나다. "행복과 즐거움을 제공하는 100년 기업"이라는 기업 이념을 갖고 탄생한 네오위즈는 인터넷 접속 서비스인 '원클릭(Oneclick)'을 시작으로 온라인 커뮤니티 서비스인 '세이클럽(Sayclub)', 온라인 게임 서비스인 '피망(Pmang)'을 차례로 성공시키면서 국내 온라인 서비스 시장에 새로운 수익모델을 제시해 왔다. 최근 네오위즈는 온라인 게임, 커뮤니티 등 각 사업부문의 독립적 운영을 보장하고, 사업부문별로 전문화된 핵심 역량을 강화하는 데 집중하기 위해 지주회사 체제로 전환하였다.

네오위즈는 2007년 말 현재 매출액 2,018억 원, 영업이익 367억 원을 기록하고 있으며, 2009년에는 매출액 2,771억 원, 영업이익 469억 원을 달성하였다. 현재 네오위즈는 네오위즈게임즈, 네오위즈인터넷 등 계열사들의 지주회사로 운영되고 있으며, 코스닥 시장가 기준 시가총액은 약 500억 원에 달한다. 네오위즈의 계열사 중 코스닥에 등록된 네오위즈게임즈는 2007년 말 기준 매출액 877억에 영업이익 207억 원을 달성했으며 현재 시가총액이 약 2,300억 원에 달한다. 여기서는 이렇게 한국을 대표하게 성장한 네오위즈의 역사를 주요 사업영역의 변화에 초점을 맞추어 살펴본다.

1 1단계 도약(원클릭)[1)]

네오위즈는 창업 시에 웹 캐스팅(web-casting) 기술에 기반한 'LiveCAST/NOD(News On Demand)'라는 서비스를 개발하여, 인터넷 이용자들에게 뉴스를 전해 주는 서비스를 제공하였다. 하지만 당시에는 사람들이 인터넷에 접속하는 것 자체가 무척 어려웠기 때문에 이 서비스는 큰 성공을 거두지 못하였다. 이에 기업용 인트라넷 푸시(push) 솔루션인 'LiveCAST/Enterprise' 등 다양한 소프트웨어를 개발하여 국내외에 판매함으로써 수익을 올릴 수 있었다.

그러다가 네오위즈는 1998년 원클릭이라는 인터넷 접속 프로그램을 개발함으로써 첫 번째 도약을 이루어 낸다. 원클릭은 인터넷을 이용하고자 하는 사람이 ISP(Internet Service Provider)에 가입하지 않고도 손쉽게 인터넷에 자동으로 접속할 수 있게 해 주는 프로그램이다. 고객들은 인터넷에 접속한 시간에 따라 분당 20원씩 요금을 내면 일반인들도 쉽게 인터넷에 접속할 수 있었다. 원클릭은 순식간에 큰 인기를 누리며 네오위즈에 높은 수익을 안겨다 주었다. 이에 1999년에는 35개나 되는 업체들이 원클릭과 유사한 소프트웨어를 시장에 출시함으로써 시장의 경쟁은 격화되었다. 그러나 네오위즈의 원클릭은 모뎀 사용자 시장의 40~50%를 차지하는 등 시장의 선도적 위치를 차지했다. 2000년에는 네오위즈 매출의 96%가 원클릭에서 나올 정도로 원클릭은 네오위즈의 핵심 사업이었다.

---

1) 이 부분은 Lee et al.(2007)의 논문 내용을 토대로 작성되었다.

〈표 Ⅱ-1〉 원클릭의 매출 추세 (단위: 100만 원)

사업부문	1998		1999		2000	
원클릭	197	37%	8,336	98%	33,997	96%
세이클럽	–	–	–	–	1,335	4%
기타서비스	336	63%	153	2%	–	–%
합계	533	100%	8,489	100%	35,332	100%

자료: 금융감독원

그러나 2000년 이후부터 급속히 확산된 초고속인터넷 서비스로 인해 원클릭에 대한 수요가 급격히 줄어들기 시작한다. 그 결과 원클릭이 네오위즈의 매출에서 차지하는 비중이 2002년에는 12% 이하로 급격히 줄어들게 된다. 이러한 시장 상황의 변화에 네오위즈는 세이클럽이라는 온라인 커뮤니티 서비스를 런칭함으로써 무사히 대응하게 된다.

2 2단계 도약(세이클럽)

네오위즈는 1999년 7월 세이클럽(www.sayclub.com)이라는 온라인 커뮤니티 사이트를 서비스하기 시작한다. 세이클럽은 온라인 채팅, 이메일, 동호회, 게시판 등의 기능을 인터넷 이용자들에게 제공하였고, 서비스 시작한 지 3개월 만에 100만 명의 회원을 확보하게 되었고, 2년도 되지 않은 2001년 4월에는 회원수 1,000만 명을 돌파하게 된다.

그러나 초기 세이클럽의 수익모델은 주로 배너광고였다. 예를 들어, 〈표 Ⅱ-1〉을 보면, 2000년 네오위즈의 매출 중 세이클럽의 광고 매출은 13억 원 정도로서 전체 매출 중 4%밖에 차지하지 못했다. 따라서 네오위즈는 세이클럽을 통해 새로운 수익모델을 찾기 위해 노력하였고, 그 결과로 등장한 것이 '아바타(avatar)'다.

〈그림 Ⅱ-1〉 세이클럽의 아바타

아바타는 2000년 11월 세계 최초로 네오위즈에서 의해 서비스된 것으로, 온라인 공간에서만 존재하는 사이버 캐릭터다. 아바타는 원래 분신 혹은 화신을 뜻하는 말로서 가상 공간에서는 이용자 자신을 이 아바타가 대신하게 된다. 네오위즈는 이러한 사이버 캐릭터를 유료로 이용자들에게 팔기 시작했고, 그 결과 엄청난 수익을 거두었다. 아바타 수익모델은 곧 한국뿐 아니라 해외에서 벤치마킹되기에 이른다. 아바타는 런칭 첫 달에 3억 원 이상의 매출을 올렸으며, 2001년에 140억 원, 2002년에 250억 원, 2003년에는 350억 원 이상의 매출을 올리게 된다.

3 3단계 도약(피망)

그러나 아바타 수익모델도 또한 높은 경쟁에 직면하게 된다. 당시 주요 포털 사이트나 게임 사이트 등에서 경쟁적으로 아바타 서비스를 도입하기 시작하였고, 네오위즈의 아바타 시장 점유율도 점차 잠식당하기 시작했다. 이러한 시장의 움직임에 재빠르게 대응한 네오위즈는 당시 점차 성장하기 시작한 온라인 웹 보드 게임(web board-game) 시장에 도전장을 내밀게 된다. 네오위즈는 2001년 게임 개발회사인 '엠큐브'를 인수하게 되며, 엠큐브의 개발 역량을 활용하여 2002년 세이클럽에 게임 서비스를 추가하게 된다. 이때의 게임 서비스는 '세이게임'이라는 이름으로 세이클럽의 하위 서비스 중 하나였다. 당시 세이게임의 주된 게임은 고스톱이나 포커와 같은 웹 보드 게임이었다.

그러나 네오위즈의 경영진은 온라인게임 시장의 가능성을 내다보고 게임 서비스를 중심으로 사업을 재편하기 시작한다. 이에 세이게임을 세이클럽에서 독립시키고 새롭게 브랜딩함으로써 게임 서비스를 강화하기 시작한다. 이것이 2003년 8월에 런칭한 피망(www.pmang.com)이다. 초기 피망은 네오위즈 내부에서 개발한 웹 게임 위주로 서비스하였으나, 2003년부터 내부에 퍼블리싱 사업 팀을 구성하여 외부에서 개발된 게임을 소싱(sourcing)하여 피망에서 서비스하고자 준비한다. 피망은 2003년 10월 게임포털 방문자수 1위를 기록한 이후 줄곧 게임포털 부문 선두권을 유지해 왔다.

네오위즈는 퍼블리싱사업을 진행하면서 많은 시행착오를 겪었으나, 동시에 '스페셜포스'와 같은 큰 성공사례를 만들면서 새롭게 도약하게 된다. 스페셜포스는 2004년 7월에 오픈한 이래 3개월 만에 누적 회원수 200만 명을 돌파하며, 2005년에는 최대 동시접속자 10만 명, FPS 장르 점유율 90%라는 경이적인 기록을 세우게 된다. 또한 EA(Electronic Arts)와 제휴하여 '피파 온라인'을 서비스하여 최대 동시접속자 18만 명을 기록하기도 한다.

그 외에도 뮤직레이싱 게임 '알투비트', 레이싱 MMORPG '레이시티', FPS '아바' 등 양질의 게임을 퍼블리싱하는 데 성공함으로써 네오위즈는 제3의 도약을 성공적으로 이루어낸다.

4 4단계 도약

이처럼 네오위즈는 인터넷 접속서비스에서 출발하여, 온라인커뮤니티 서비스를 거쳐 온라인게임 서비스로 핵심 사업영역을 재편하며 지속적으로 시장 상황에 능동적으로 대응해 왔다. 그 결과 창업 이래 단 한 번도 적자를 기록하지 않은 벤처기업이라는 말로 시장의 칭송을 받아 왔다.

그러나 네오위즈는 게임과 커뮤니티 등 핵심 사업부문을 독립적으로 운영하고, 전문화된 핵심 역량을 강화하는 데 집중하며, 이를 토대로 결국 기업의 경쟁력을 강화하기 위해서 2007년 5월 지주회사 체제로 변신을 도모한다. 기존 핵심 사업부문이었던 게임과 커뮤니티 부문이 각각 네오위즈게임즈와 네오위즈인터넷으로 분사하고, 그 외 쥬크온과 벅스 뮤직을 운영하는 ㈜아인스디지털, 온라인정보 서비스와 PC방 영업을 담당하는 네오위즈 INS, 온라인 및 오프라인 게임교육 사업을 추진하는 네오위즈ENC 등이 주요 계열사가 되었다. 그 외 게임온, 네오위즈재팬 등 주요 해외법인들도 모두 지주회사인 네오위즈의 계열사로 편입되었다.

1) 네오위즈게임즈

네오위즈게임즈는 게임포털 사이트 피망과 자체 게임 개발 스튜디오를 중심으로 대한민국 No. 1 게임포털, 나아가 전 세계에서 인정받는 게임회사로 발돋움하기 위해 모든 역량을 집중하기 위해 태어났다. 다양한 장르의 온라인 게임과 웹 보드 게임을 서비스하는 피망은 한 곳에서 게임의 모

〈표 Ⅱ-2〉 지주회사 네오위즈의 주요 계열사들

상장 여부	회사명	지주회사 지분율(%)	대표명	목적사업
코스닥 상장법인	㈜네오위즈	–	나성균	지주회사
	㈜네오위즈게임즈	19.10	최관호	온라인 게임개발, 국내게임 퍼블리싱, 띵소프트
국내 비상장 법인	㈜아인스디지탈	56.80	한석우	음원 중개서비스, 인터넷음악, 쥬크온 및 벅스 인수
	㈜NNAM	50	윤상규	부동산 사업, 판교사옥 건설
	㈜네오위즈INS	100	문지수	온라인 정보서비스, PC방 영업
	㈜네오위즈인터넷	100	이기원, 허진호	인터넷 사업, 세이클럽
	㈜네오위즈인베스트	100	윤상규	비계열사 및 투자조합, 투자사업
	㈜네오위즈 ENC	100	오창훈, 길돈섭	온라인 및 오프라인 게임교육 사업
해외상장 법인	㈜게임온	34.26	이상엽	온라인 게임
해외법인	네오위즈재팬㈜	100	박진환	인터넷 사업
	Neowiz Games Asia Co. Limited	100	최관호	해외영업

자료: 네오위즈 내부 문서

든 재미를 누릴 수 있게 하고 있으며, 그 결과 지금은 모두가 인정하는 대한민국 최고의 게임포털이 되었다.

또한 이미 검증된 퍼블리싱 능력과 함께 네오위즈게임즈가 가진 또 하나의 경쟁력은 내/외부에 실력 있는 게임 개발 스튜디오를 가지고 있다는 것이다. 띵소프트는 세계적인 게임업체인 EA와 공동으로 피파온라인을 개발하여 개발력을 인정받고 있으며, 펜타비전은 PSP(play station portable)용 게임인 '디제이맥스 포터블' 시리즈로 한국산 PSP 게임의 가능성을 보여 주었다.

2) 네오위즈인터넷

네오위즈인터넷은 커뮤니티 포털 '세이클럽'을 기반으로 UCC사업, Web 2.0 등의 신규사업과 기타 인터넷 관련 기술개발 등을 사업목적으로 하고 있다. 네오위즈인터넷은 인터넷 창업 인큐베이팅 사업을 시작하면서 '네오플라이(www.neoply.com)'라는 사이트를 오픈하였고, 신개념 쇼핑 커뮤니티인 '원츄(www.onechoo.com)' 서비스도 오픈하였다.

네오플라이는 새로운 인터넷 기업들의 탄생을 돕기 위한 창업 인큐베이팅(incubating) 프로그램으로서, '참여, 공유, 개방'으로 대표되는 웹 2.0 시대의 새로운 인터넷 환경에 발맞추어 인터넷 기업의 탄생과 도전, 성장의 토대를 마련해 준다는 역할을 수행하기 위해 탄생했다. '네오플라이(neoply)'는 새롭고 신선하다는 '네오(neo)'와 부지런히 열의를 가지고 일한다는 '플라이(ply)'가 결합된 합성어다. 네오플라이는 창업 준비단계부터 실제 창업에 이르기까지 창업지원금, 사무실 임대, 네트워크비용 제공, 법률과 특허 및 홍보 업무 지원, 멘토링 프로그램 등 다양한 지원과 혜택을 제공할 계획이다.

'원츄(onechoo)'는 '좋다/최고다/추천한다'라는 인터넷 신조어와 'One(상품)+Choose(선택하다)'의 합성어를 의미하는 것으로, 쇼핑의 즐거움과 다양한 정보를 함께 공유하는 커뮤니티 공간을 구현한 쇼핑커뮤니티를 지향하고 있다. 소비자가 단순 구매에서 벗어나 직접 쇼핑정보를 생산하고 공유하는 '쇼핑 2.0' 시대에 맞춰 탄생한 쇼핑커뮤니티 원츄는 고객들이 직접 찾아낸 쇼핑정보와 함께 구매후기, 추천상품, 최저가 안내, 쿠폰/이벤트 정보에 이르기까지 쇼핑의 모든 정보를 쇼핑과 커뮤니티를 통해 얻을 수 있는 원클릭 쇼핑서비스를 구현하고 있다. 특히 업계 최초로 '쇼핑1촌+미니홈' 개념을 도입, 쇼핑 관심분야가 같은 소비자들이 직접 쇼핑 정보의 생산자로 활동하며 쇼핑에 대한 다양한 경험과 노하우를 공유하여 다른 소비자

〈표 Ⅱ-3〉 네오위즈의 연혁

연도	주요 연혁
2007. 2	네오위즈 기업분할, 지주회사 체제 출범 선언 네오위즈 재팬-엠게임 재팬, 일본 게임시장 공략을 위한 전략적 제휴 체결 캐주얼 야구게임 '슬러거' 오픈 베타 서비스 실시
2006. 1	네오위즈, 일본 게임시장 진출 선언 캐주얼 야구게임 '슬러거' 클로즈드 베타테스트 실시
2006. 2	네오위즈, 'EA'사와 온라인 게임 공동 개발 및 퍼블리싱 계약 체결 온라인 캐주얼 게임 '포키포키' 클로즈드 베타테스트 실시
2006. 3	'스페셜포스' 누적 회원수 800만 명 돌파
2006. 4	네오위즈, 게임 개발사 '펜타비전' 계열사 추가 네오위즈, 게임하이와 MMORPG '데카론' 공동사업 제휴 네오위즈, 일본 게임포털 '게임츄' 오픈 네오위즈, 게임 개발사 '제이투엠 소프트'와 온라인게임 공동사업 제휴 네오위즈, 게임 개발사 '시메트릭스페이스'와 온라인게임 공동사업 제휴 EA SPORTS FIFA ONLINE 클로즈드 베타테스트 실시 네오위즈, 2006년 1분기 사상 최대 실적 달성, 영업이익 분기 100억 원 시대 열어
2006. 5	EA SPORTS FIFA ONLINE 오픈 베타 서비스 실시
2006. 7	EA SPORTS FIFA ONLINE, PC방 순위 1위 등극 레이싱 MMORPG '레이시티' 클로즈드 베타테스트 실시 뮤직레이싱 게임 '알투비트' 중국에서 오픈 베타 서비스 개시 EA SPORTS FIFA ONLINE 최단기/최초 동시접속자수 18만 명 돌파 네오위즈, 게임 개발사 스마일게이트와 FPS게임 '크로스파이어' 전 세계 퍼블리싱 판권 제휴 네오위즈, KTH와 공동사업을 위한 전략적 제휴
2006. 8	온라인 피구게임 '쏘구피구' 클로즈드 베타테스트 실시
2006. 9	FPS '크로스 파이어' 클로즈드 베타테스트 실시
2006. 10	네오위즈, 게임 개발사 레드덕과 FPS게임 '아바' 전 세계 퍼블리싱 판권 제휴

연도	주요 연혁
2006. 12	레이싱 MMORPG '레이시티' 오픈타 서비스 실시 온라인 피구게임 '쏘구피구' 오픈 베타 서비스 실시
2005. 1	피망 동시접속자 20만 명, '스페셜포스' 동시접속자 6만 명 돌파
2005. 2	피망 동시접속자 27만 명, '스페셜포스' 동시접속자 9만 명 돌파 스페셜포스' FPS 장르 점유율 90% 돌파(게임트릭스 발표기준)
2005. 4	네오위즈, 온라인게임 개발사 '띵소프트' 계열사 추가
2005. 5	네오위즈, '안철수연구소'와 전략적 보안 파트너십 제휴 네오위즈, 자회사 '아인스디지털'에 '쥬크온' 영업권 양도 및 신규 검색 회사 출자 결의 요구르팅, 회원 50만 명, 동시접속자 2만 명 돌파
2005. 6	뮤직레이싱 게임 '알투비트' 시범 서비스 시작 네오위즈, 'XL게임즈'와 전략적 제휴 및 온라인 레이싱게임 'XL1' 전세계 판권 계약 네오위즈, 게임 개발사 '펜타비전'과 전략적 제휴 메카닉 전투액션 '악시온' 정식 서비스 시작
2005. 7	네오위즈, 게임 개발사 '유즈드림'과 전략적 제휴
2005. 9	네오위즈, 게임 개발사 '와이즈캣'과 전략적 제휴 '요구르팅' 일본 오픈 베타 서비스 실시 네오위즈, 게임 개발사 '네오액트'와 전략적 제휴 온라인 캐주얼 게임 '고고트래져' 클로즈드 베타테스트 실시 온라인 레이싱게임 'XL1' 클로즈드 베타테스트 실시 '스페셜포스' 동시접속자 11만 명, 회원수 600만 명 돌파 네오위즈, 게임 개발사 '에버플랜트'와 전략적 제휴 네오위즈, '알투비트' 중국 최고 게임포털 '탄센트'와 수출 계약
2005. 10	'스페셜포스' e-스포츠 발전을 위한 (사)한국 e-스포츠협회와 업무 제휴 네오위즈-한미열린기술투자, 50억 규모의 게임 전문 인큐베이팅 펀드 결성 '스페셜포스' e-스포츠 활성화 및 PC방 협력을 위한 '(사)한국인터넷PC문화협회'와 제휴
2005. 11	'요구르팅' 일본 정식 서비스 실시
2005. 12	네오위즈, '요구르팅' 태국 수출 네오위즈 2005년 창사 이래 사상 최대 실적 달성(매출액 1,021억 원 달성)

연도	주요 연혁
2004. 2	온라인 FPS게임 '스페셜포스' 클로즈드 베타테스트 실시
2004. 6	학원 액션 어드벤처 게임 '요구르팅' 클로즈드 베타테스트 실시
2004. 7	온라인 FPS게임 '스페셜포스' 정식 서비스 실시
2004. 8	'쥬크온' 독립 음악 전문 포털 사이트로 오픈(www.JukeOn.com)
2004. 10	'스페셜포스' 누적 회원 200만 명 돌파
2004. 11	'요구르팅' 일본 '겅호 엔터테인먼트'와 수출 계약 체결(일본 온라인게임 수출 사상 최고 규모)
2003. 5	세이클럽 '홈피' 서비스 시작 네오위즈, 게임개발회사 '타프시스템' 계열사 추가(현, 레드덕) 네오위즈, 인터넷 서비스 회사 일본 '아이팩토리' 계열사 추가
2003. 8	네오위즈 게임포털 피망(www.Pmang.com) 오픈 네오위즈 CI 및 세이클럽 BI 개편
2003. 9	네오위즈, 음원중계업체 '아인스디지털' 계열사 추가
2003. 10	피망, 게임포털 방문자 1위 기록
2003. 12	세이클럽 온라인 음악 정식 서비스 시작(쥬크온)
2002. 1	세이클럽 '게임' 서비스 시작
2002. 2	네오위즈, 세이클럽 재팬(www.SayClub.jp) 시범 서비스 시작
2002. 4	네오위즈, 미국 마텔과 '바비인형' 캐릭터 라이센스 체결
2001. 4	세이클럽 사용자 1,000만 명 돌파
2001. 9	네오위즈, 게임 개발회사 '엠큐브' 계열사 추가
2001. 10	세이클럽 온라인 캐릭터(아바타) 매출 100억 원 돌파(2001년도 누적 매출)
2001. 12	삼성경제연구소 '2001년 히트상품'에 세이클럽이 선보인 '아바타' 선정
2000. 6	네오위즈 코스닥 등록
2000. 9	온라인게임 자동접속(고속망) 이게임즈(www.eGames.co.kr) 상용 서비스 시작
2000. 10	국내 최초 후불제 결제서비스 원클릭페이(www.oneclickpay.co.kr) 서비스 시작
2000. 11	세이클럽, 세계 최초 온라인 캐릭터(아바타) 유료 서비스 시작
2000. 12	업계 최초 영업이익 100억 원 돌파(영업이익 106억 원)

연도	주요 연혁
1999. 7	세계 최초 웹 기반 채팅/커뮤니티, 세이클럽(SayClub.com) 상용 서비스 시작
1999. 11	온라인게임 자동접속(모뎀용), 이게임즈(www.eGames.co.kr) 상용서비스 시작
1999. 12	네오위즈 전년 대비 매출 1,600% 성장(85억 원), 영업이익 업계 1위 기록
1998. 4	인터넷 자동접속, OneClick 상용 서비스 시작
1997. 5	네오위즈 설립(자본금 1억 원)
1997. 7	네오위즈 기업부설연구소 설립
1997. 9	기업용 인트라넷 푸시솔루션 LiveCAST/Enterprise 개발(국산화 성공)
1997. 12	세계 최초 인터넷 자동접속 프로그램 '원클릭' 개발

자료: 네오위즈공식홈페이지(www.neowiz.com)

〈그림 Ⅱ-2〉 네오위즈의 주요 연혁

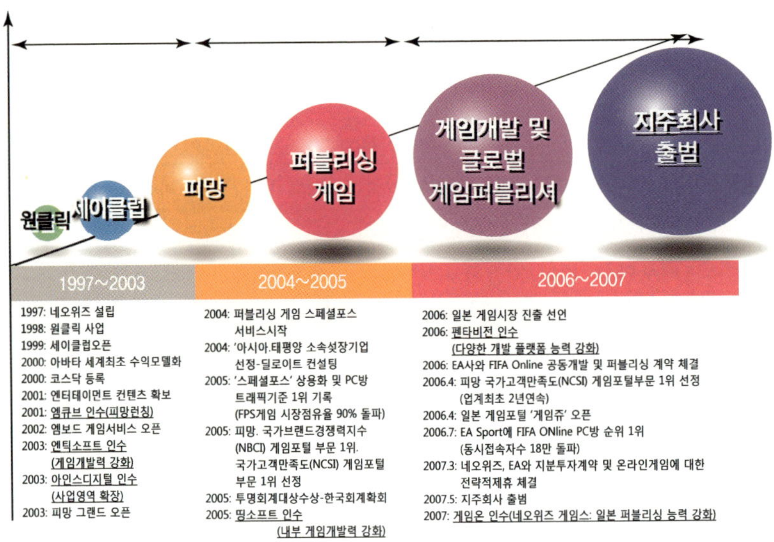

자료: 네오위즈 내부 자료

들이 최상의 상품선택과 최적의 구매를 이룰 수 있는 플랫폼으로 발전시켜 나갈 계획이다.

제 III 장

네오위즈의 비전과 전략

이 장에서는 네오위즈가 빠르게 변화하는 국내외 온라인 서비스 시장에 대응하기 위해 어떠한 비전을 세우고 있으며, 이를 실현하기 위해 어떠한 전략을 선택하고 있는지 살펴본다.

1 네오위즈의 기업이념과 비전

네오위즈는 "행복과 즐거움을 제공하는 100년 기업"이라는 기업이념을 갖고 탄생하였으며, 이러한 이념에 근거해서 "100년 기업 네오위즈"를 전사적인 비전으로 제시하고 있다. 네오위즈가 그리는 미래는 '개척, 수익, 행복'과 함께한다. 개척이란 네오위즈 제도와 사업모델, 그리고 서비스에서 항상 한 발 앞선 창의력과 사고를 담겠다는 의미이며, 수익이란 기업의 존재이유인 수익을 항상 염두에 두고, 끊임없는 노력으로 가장 수익성 높은 기업이 되고자 함을 뜻한다. 그리고 행복이란 이를 바탕으로 주주, 고객, 파트너, 임직원이 함께 행복할 수 있는 기업을 만들겠다는 의지를 담고 있다. 이를 바탕으로 네오위즈는 100년 후에도 성장하는 회사가 되도록 노력하고자 한다.

1) 네오위즈게임즈의 비전

네오위즈는 2007년 기업분할을 통해 지주회사 체제를 출범하였다. 네오위즈 산하의 여러 계열사들 중 가장 핵심 계열사가 바로 온라인게임을 서비스하는 네오위즈게임즈다. 네오위즈는 2005년 3월 창업자인 나성균 CEO가 경영에 복귀하면서부터 '게임사업 경쟁력 강화'에 회사의 모든 역량을 쏟아 붓고 있다. 그 결과, 네오위즈는 게임포털 '피망'을 단시간에 게임포털 산업의 선두그룹에 진입시킬 수 있었고, 게임포털 최초로 최대 동시접속자 27만 명을 돌파한 저력에 기초하여 게임 포트폴리오를 재구성하고 있다.

이러한 네오위즈의 온라인게임 사업을 독립적으로 운영하고 전문화된 핵심 역량을 강화하는 데 집중하기 위해 출범시킨 것이 네오위즈게임즈다. 이러한 네오위즈게임즈의 비전은 "No.1 Game Provider"이다. 네오위즈게임즈는 국내외에서 사랑받는 최고의 게임기업이 되기 위해 게임 개발, 퍼블리싱, 그리고 해외사업에 대해 아래와 같은 세부적인 목표를 세우고 있다.

먼저, 네오위즈게임즈는 퍼블리셔로서, 게임을 보는 탁월한 안목을 갖고 고객을 위한 최고의 서비스를 제공하고자 한다. 네오위즈게임즈는 게임 개발사들에게 최고의 퍼블리싱 파트너로서 게임을 고르는 안목과 안정적인 서비스 능력 및 마케팅 능력을 이미 인정받고 있다. 네오위즈게임즈는 개발사와 고객들에게 더 나은 서비스를 제공하기 위해 끊임없이 연구하고 있다.

다음으로, 네오위즈게임즈는 게임 개발사로서 최고의 개발 인력의 집합

소다. 회사 내외부에 있는 네오위즈게임즈의 게임 개발 스튜디오는 세계에서 인정한 개발력을 바탕으로 국내외 게임산업을 선도할 게임 개발에 집중하고 있다.

마지막으로, 네오위즈게임즈는 글로벌 게임회사로서 세계 최고의 게임회사들과 파트너십을 성공적으로 성사시키며 글로벌 네트워크를 형성하고 있다. 이러한 네트워크를 토대로 보다 넓은 세계로 뻗어 나가고자 한다. 현지에 적합한 게임의 선택과 안정적인 현지화 서비스로 이미 진출한 국가들로부터 좋은 반응을 얻고 있으며 국내외의 좋은 게임들을 전 세계에 알리기 위해 지속적으로 노력하고 있다.

2 네오위즈의 경영 전략

지주회사인 네오위즈는 현재 산하 여러 계열사들을 관리하는 지주사업, 부동산 자산 운용, 경영자문 및 컨설팅을 주된 사업 내용으로 하고 있다. 게다가 지주회사 체제로 출범한 지 얼마 되지 않았기 때문에, 현재 지주회사인 네오위즈의 전략보다는 핵심 계열사인 네오위즈게임즈의 전략에서 대해서 살펴보도록 한다.

1) 네오위즈게임즈의 경영 전략

앞에서도 언급하였듯이 네오위즈게임즈의 비전은 "No.1 Game Provider"이다. 이를 위해 네오위즈게임즈는 자체적으로 게임을 개발하기도 하며, 외부에서 개발된 게임을 퍼블리싱하기도 한다. 온라인게임 산업의 핵심성공요인은 품질 높은 게임을 안정적으로 서비스하는 것이다. 네오위즈게임즈는 이미 국내 최대 게임포털인 피망(www.pmang.com)을 운영하면서 안정적인 서비스 노하우는 충분히 확보하고 있다. 따라서 네오위즈게임즈가 가장 역점을 두고 있는 부분은 양질의 게임을 확보함으로써 성장 동력을 이어 나가는 것이다.

이를 위해 네오위즈게임즈는 'M&A 및 제휴' 전략을 채택하게 된다. 우선, 성공적인 M&A 전략의 사례를 살펴보면 다음과 같다. 우선, 네오위즈는 2001년 엠큐브라는 게임개발 회사를 인수하였고, 이 회사의 게임 개발력을 토대로 피망을 성공적으로 런칭하게 된다. 이후 엔틱스소프트라는 개발사를 인수함으로써 게임의 자체 개발력을 강화하게 된다. 이 엔틱스소프트에서 개발하고 네오위즈가 서비스하여 성공한 게임이 바로 '요구르팅'이다. 또한 2005년에는 띵소프트라는 개발사를 인수함으로써 역시 내부 게임개발능력을 강화하게 된다. 아울러, 2006년에도 펜타비전이라는 개발사를 인수함으로써 PC 외에 다양한 플랫폼에서의 게임개발 역량을 확보하게 된다.

네오위즈게임즈의 전략적 제휴 전략도 주효하여 많은 성공사례를 남겼다. 가장 대표적인 사례가 드래곤플라이와의 퍼블리싱 제휴를 통해 2004년 서비스한 스페셜포스다. 스페셜포스는 한때 국내 FPS 시장의 90%를 장악한 게임으로서, 네오위즈에 높은 트래픽뿐 아니라 높은 수익도 가져다주었다. 다음으로, 2005년에는 5개의 게임 개발사와 제휴하여 양질의 게임을 많이 출시하였다. 예를 들어, 네오위즈게임즈는 바람의 나라와 리니지의 개발로 유명한 송재경 대표의 XL Games라는 회사와 제휴하여 리얼 레이싱 게임인 'XL 레이스'를, 유즈드림과 제휴하여 캐주얼 게임인 '고고트래져'를, 와이즈캣과 제휴하여 캐주얼 야구게임인 '슬러거'를, 네오액트와 제휴하여 온라인 파티 게임인 '포키포키'를, 에버플랜트와 제휴하여 액션게임인 '하드보일드'를 인기리에 서비스하고 있거나 준비 중에 있다. 또한 2005년에 네오위즈는 (사)한국e스포츠협회와 업무제휴를 통해 스페셜포스를 '프로 e스포츠'로 발전시키기로 합의하였다. 네오위즈는 (사)한국인터넷PC문화협회와도 업무 제휴를 체결하여 스페셜포스를 PC방에서 무료로 서비스하되, 스페셜포스의 PC방 대회를 지원하기 위해 노력하기로 하였다.

2006년에도 성공적인 제휴 사례가 많이 발견된다. 2006년 2월에는 EA와 제휴하여 '피파온라인'의 공동개발을 진행하였고, 4월에는 게임하이와 제휴하여 MMORPG인 '데카론'을 서비스하였으며, 제이투엠소프트와 제휴하여 레이싱 게임인 '레이시티'를, 시메트릭스페이스와 제휴하여 횡스크롤 MMORPG인 '텐비'를 서비스하여 성공을 거두었다. 또한 KTH와 제휴하여 네오위즈는 KTH가 운영하는 포털 사이트 '파란(www.paran.com)'에 피망의 게임을 제공하며, KTH는 파란의 대용량 메일 및 웹 저장 서비스를 피망에 제공하게 되었다.

2007년에 네오위즈게임즈는 EA와 지분투자 계약을 맺고 온라인게임 사업에 대한 전략적 제휴를 보다 장기적 관점에서 강도 높게 진행하기로 하였다. 구체적으로 EA의 검증된 PC 게임 4개를 온라인화하기 위해 공동 개발하기로 합의하였으며, 이들 중 적어도 2개는 네오위즈가 한국과 일본에 퍼블리싱하기로 하였다.

이러한 M&A 및 제휴 전략을 통해서 네오위즈게임즈는 현재 자신이 부족한 게임 개발 역량을 보충하고, 외부에서 양질의 온라인게임을 아웃소싱함으로써 온라인게임 시장에서의 지배적 위치를 유지하고 향후 성장동력도 발견하고자 한다.

2) 네오위즈게임즈의 퍼블리싱 사업 전략

앞에서 언급하였듯이 네오위즈게임즈는 효과적인 제휴 전략의 실행을 통해서 성공적으로 성장해 왔다. 여기서는 보다 구체적으로 네오위즈게임즈가 갖고 있는 온라인게임 퍼블리싱 전략에 대해서 간단히 알아본다.

최근 온라인게임 시장의 추세가 기존의 MMORPG에서 캐주얼 게임 쪽으로 확대되고 있으며, 탄탄한 재무구조를 갖춘 대형 포털들이 갈수록 온라인게임 사업을 강화하고 있다. 이에 네오위즈게임즈도 갈수록 다양해지고 있는 온라인 유저들의 취향을 충족시키기 위해 다양한 장르의 캐주얼 게임들을 적극 퍼블리싱하고자 노력 중이다.

특히 네오위즈게임즈는 스페셜포스의 퍼블리싱을 통해 큰 성공을 거두고 있기 때문에 FPS 장르에 집중하여 양질의 FPS 게임을 최대한 퍼블리싱하

〈표 Ⅲ-1〉 네오위즈게임즈의 FPS 게임 라인업(line-up)

게임	개발사	주요 특징
스페셜포스	드래곤플라이	국내 온라인 FPS 대중화를 이끈 네오위즈의 첫 FPS임
		'04.07 서비스 이래 연속 17주 전체게임순위 1위 기록을 세움
		두터운 충성고객층과 유료 사용자로 안정된 매출 창출 중임
크로스파이어	스마일게이트	FPS 사상 처음으로 고스트매치 적용, 접근성과 재미를 배가시킴
		저사양 게이머, 팀 데스매치 지향 고객이 주요 공략층임
아바	레드덕	현 게임엔진 중 최고 성능의 언리얼 3.0 엔진 기반
		실제 전장을 방불케 하는 사실적 그래픽

자료: 네오위즈 내부 자료

여 국내 및 해외 온라인 FPS 시장을 장악하고자 하는 전략을 갖고 있다. 네오위즈게임즈가 FPS 장르에 집중하고자 하는 이유는, 첫째 스페셜포스를 통해 막대한 FPS 게이머들의 풀을 확보하고 있다는 점, 둘째 FPS 게임의 홍보 및 마케팅 노하우를 확보하고 있다는 점, 그리고 마지막으로는 FPS 게임의 효과적은 유료화 방안을 터득하고 있다는 점 등을 들 수 있다. 이러한 전략의 일환으로 현재 '아바(AVA)', '크로스파이어(cross fire)' 등을 퍼블리싱하여 인기리에 서비스 중이며, EA에서 개발 중인 기대작 '배틀필드(battle field)'의 퍼블리싱 계약도 체결한 상황이다.

특히 배틀필드의 경우, EA와 네오위즈게임즈의 전략적 제휴에 따른 공동개발의 첫 타이틀이라는 점에서 큰 기대를 모으고 있다. 배틀필드는 기존의 카운터스트라이크(Counter Strike) 스타일의 틀에서 벗어나 육/해/공군의 배경, 무기 등을 활용하여 거점을 점령하는 전략형 FPS게임이다. 네오위즈게임즈는 배틀필드를 통해 국내 FPS 시장을 확대함과 동시에 네오위즈 FPS의 경쟁력을 한 단계 업그레이드하여 국내 FPS 시장의 60~70%를 장악하고자 하였다.

FPS 집중화 전략에 더하여, 네오위즈게임즈는 다양한 게임 포트폴리오

〈그림 Ⅲ-1〉 네오위즈게임즈의 FPS 퍼블리싱 전략

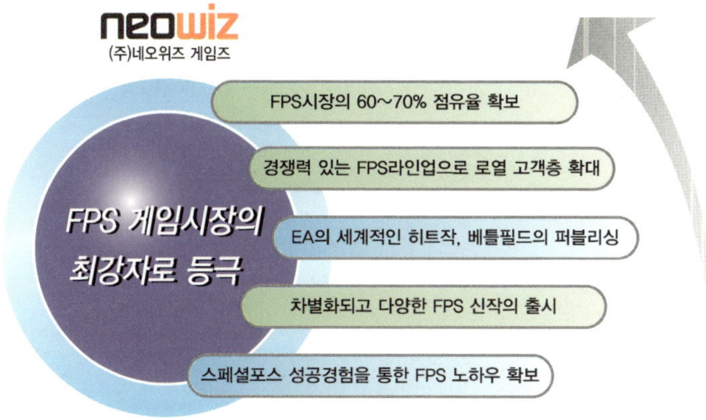

자료: 네오위즈 내부 자료

(portfolio)를 확보한다는 퍼블리싱 전략을 갖고 있다. 앞서 언급한 바와 같이, 최근 온라인게임 이용자들은 매우 다양한 취향을 갖고 있으며 이들의 취향을 만족시켜 주기 위해 유수의 인터넷 기업들이 게임시장에 진출하고 있다. 따라서 이들과의 경쟁에서 승리하기 위해서는 최대한 다양한 장르의 게임을 확보하는 것이 중요하며, 이를 위해 네오위즈는 여러 업체와 제휴하여 다양성 있는 게임 파이프라인(pipeline)을 준비 중이다. 네오위즈게임즈는 현재 FPS/TPS(Third Person Shooting), 스포츠/레이싱, RPG, 아케이드/액션 게임 등 다양한 장르에 여러 게임을 서비스하고 있거나 준비 중에 있다. 보다 자세한 서비스 내용은 다음 장에서 살펴본다.

제 IV 장

네오위즈의 서비스 현황 및 신규 서비스 개발

이 장에서는 네오위즈가 현재 서비스 중인 주요 서비스들을 간단히 소개하고, 향후 출시될 주요 서비스들에 대해서 알아본다. 현재 네오위즈의 주력 계열사인 네오위즈게임즈에 초점을 맞추어 살펴보도록 한다. 네오위즈 인터넷에서 준비 중인 서비스들은 이미 위에서 간단히 소개하였다.

1 국내 서비스 현황[1)]

네오위즈게임즈의 게임포털 피망에서는 아래와 같은 크게 4가지 장르에

1) 이 부분은 네오위즈게임즈의 공식홈페이지(www.neowizgames.com)의 내용을 부분적으로 인용하여 작성되었다.

걸친 온라인게임을 개발하거나 퍼블리싱하여 서비스하고 있다. 각 장르별로 어떠한 게임들이 있으며, 이들의 특징은 무엇인지 소개한다.

1) FPS(First Person Shooting)/TPS(Third Party Shooting) 게임

(1) 스페셜포스

스페셜포스(Special Force)는 드래곤플라이가 개발하고 네오위즈가 서비스하는 대한민국 온라인 FPS 시장을 개척해 낸 국민게임이다. 3D기반의 리얼리티와 쉬운 규칙, 긴장감 넘치는 구성으로 최고의 인기를 구가하며 명실공히 대한민국 대표 FPS 게임으로 자리잡았다. 현재 국산 게임 중 유일하게 프로게이머를 양성하는 커리지매치(courage match)[2)]를 개최하며 e스포츠 발전에 크게 기여하고 있는 게임이다.

스페셜포스는 현대전의 백미인 특수부대만의 특성을 살려 구성된 본격 밀리터리(military) FPS 게임이다. 영화 '태극기 휘날리며'의 군사자문을 담당한 '플래툰'이 게임 내 특수부대의 무기와 복장 등의 고증을 맡았기 때문에 게이머들은 사실감 넘치는 전투를 즐길 수 있게 된다. 게이머들은 SAS, SEAL, Delta Force, UDT 등 전 세계 특수부대의 캐릭터를 선택할 수 있으며, 총기마다 상이한 타격감, 반동 등을 느낄 수 있다. 이처럼 역동적이고 사실적인 전투의 느낌을 완벽하게 구현한 게임이 스페셜포스다.

2004년 7월에 정식 서비스를 시작한 이래, 현재 1,200만 명 이상의 회원수를 확보하고 있으며, 2005년 2월에는 FPS 시장점유율이 90%(게임트릭스 조사)에 달했다. 또한 최대 동시접속자도 13만 명을 넘어서는 등 대표적인

2) 커리지매치는 아마추어 게이머의 저변확대와 프로게이머 양성을 위해 (사)한국e스포츠협회가 정기적으로 실시하는 자격 인증대회다. 아마추어 게이머가 프로게이머 자격을 획득하기 위해서는 공인대회 입상자격이 필요한데, 이를 위해 협회에서는 매월마다 커리지 매치를 개최함으로써 프로게이머 입문 기회를 넓히고 원활한 선수 수급에 기여하고 있다. 현재 커리지 매치는 스타크래프트 종목과 스페셜포스 종목에 한해 실시하고 있으며 매월마다 정기적으로 개최된다.

〈그림 Ⅳ-1〉 스페셜포스의 스크린샷

국민게임으로 자리잡고 있다.

(2) 크로스파이어(Cross Fire)

온라인 FPS 전문개발사인 스마일게이트가 개발한 크로스파이어는 용병 주식회사 간의 전투를 그려낸 FPS 게임으로 수준 높은 완성도를 선보이고 있다. 강력한 타격감, 전략적인 전투 맵, 사실적인 무기밸런싱 등 FPS 게임의 기본 요소를 충실하게 구현한 게임으로 평가받고 있다. 특히 개발 단계부터 게이머들의 의견을 적극 반영한 점과 보이지 않는 적과 전투를 펼치는 고스트매치(ghost match)로 게이머들의 큰 호응을 받고 있다.

특히 크로스파이어는 국내 FPS 게임 중 최초로 베트남에 진출하여 큰 인기를 얻고 있다. 베트남 정통부 산하기업인 VTC-Intecom(대표 응우엔 쑤언 끄엉, Nguyen Xuan Cuong)을 통해 서비스되는 크로스파이어는 오픈 베타 테스트 3일 만에 동시 접속자 6만 2,000명을 돌파하였으며, 누적 회원 수 109만 명을 넘어서는 등 베트남 시장에서 성공 가능성을 확인하였다.

〈그림 Ⅳ-2〉 크로스파이어의 스크린샷

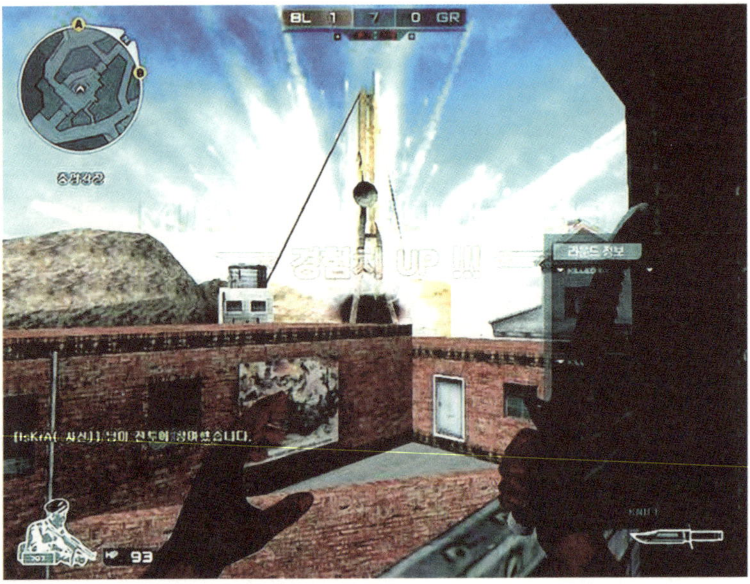

또한 크로스파이어는 G4BOX(대표 Howard He)라는 퍼블리셔를 통해 중국 등 아시아 국가들 외에도 북미와 영국 시장에 수출되어 2008년 하반기에 출시를 앞두고 있다.

(3) 아바(A.V.A.)

아바는 치열한 현대 보병전을 사실적으로 표현한 밀리터리 액션 FPS 게임이다. 사실적인 아트웍(artwork)과 뛰어난 연출력으로 현실을 그대로 반영함과 동시에 재미있고 즐기기 쉬운 아케이드적 조작성을 더하여 차세대 온라인 FPS 게임의 기준으로 인정받고 있다. 전 세계적으로 최신기술로 손꼽히는 언리얼 엔진 3를 도입해서 개발한 아바는 한창 사실적인 표현과 각종 그래픽 기술을 접목하여 새로운 경험을 게이머들에게 선사하고 있다.

아바는 동시접속자 2만 명을 넘어섰으며, 각종 게임 순위에서도 15위권을 기록하는 등 큰 인기를 누리고 있다. 2007년 10월 게임 아이템을 판매하는 부분 유료화를 실시하였고, 2008년부터는 월 매출도 5억 원 이상씩

〈그림 Ⅳ-3〉 아바의 스크린샷

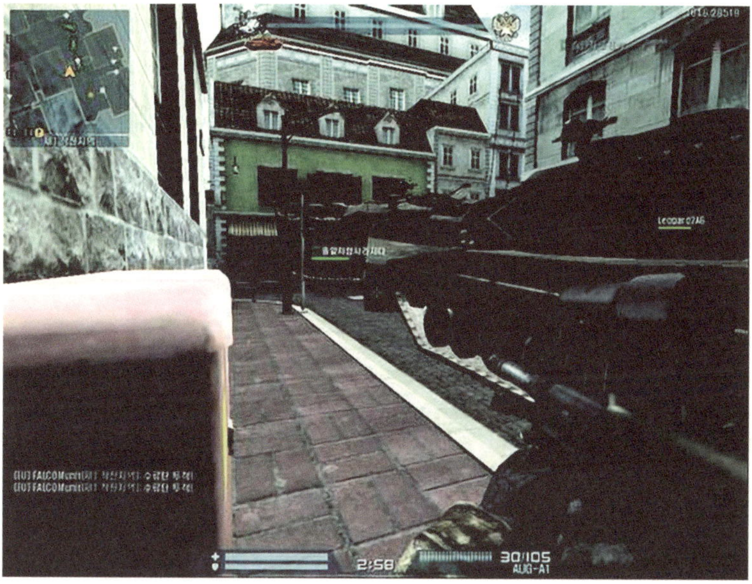

발생하기 시작했다.

또한 아바는 크로스파이어와 마찬가지로 중국 텐센트사와 계약하여 중국 서비스를 준비 중이며, 2008년 하반기에는 보다 활발히 해외 진출을 준비하고 있다. 아바는 2007년 게임대상을 수상하기도 한 품질 높은 게임이기도 하다.

(4) S4리그

S4리그는 네오위즈게임즈의 외부 개발 스튜디오인 펜타비전이 야심차게 준비한 신감각 액션 스타일 게임이다. S4는 게임을 대표하는 4가지 키워드를 의미하는 것으로서, 첫째 키워드 S의 'Stylish'는 액션 게임의 화려함, 'eSper'는 평범한 인간의 능력을 넘어서는 초능력의 세계, 'Shooting'은 게임 플레이의 스타일을, 'Sports'는 게임의 진행방식을 설명해 주고 있다. 화려한 액션과 신감각 스타일로 온라인게임의 새로운 트렌드를 만들 게임으로 평가받고 있다.

〈그림 Ⅳ-4〉 S4 리그의 스크린샷

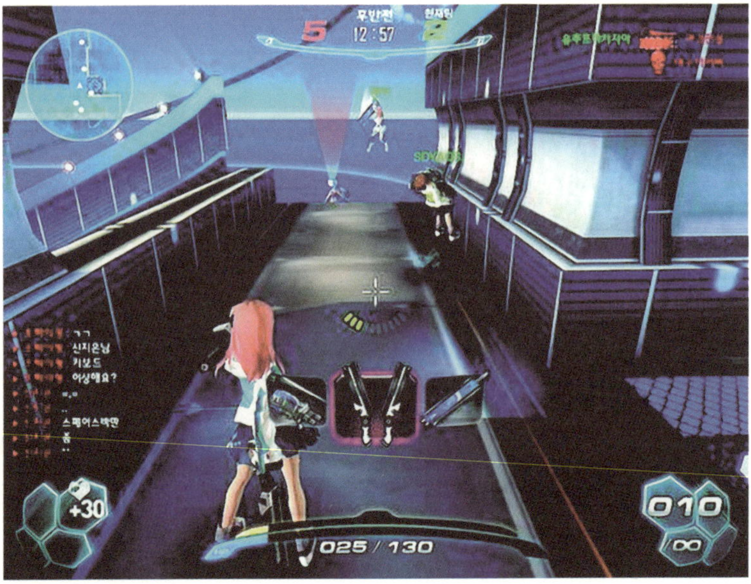

또한 S4리그는 유럽 최대 시장인 독일을 비롯하여 유럽 38개국에 진출한다. 네오위즈게임즈와 수출계약을 체결한 독일의 미디어 업체 부르다 아이씨는 현재 유럽 최대 게임포털 중 하나인 알라플라야(http://en.alaplaya.eu)를 보유하고 있으며, S4리그는 포털 알라플라야를 통해 오는 10월경 서비스될 예정이다. S4리그는 동시접속자 1만 명 선을 기록하였다.

2) 스포츠/레이싱

(1) 피파온라인 2(FIFA ONLINE 2)

EA SPORTS FIFA ONLINE 2는 FIFA(국제축구연맹)의 공식 라이센스를 획득하여 전 세계 2만여 선수와 31개 리그, 575개 클럽, 37개 국가대표를 실제와 똑같이 플레이할 수 있는 정통 온라인 축구게임이다. 사실감이 극대화된 생생한 그래픽과 파워 넘치는 움직임을 느낄 수 있는 FIFA07의 물

〈그림 Ⅳ-5〉 피파온라인 2의 스크린샷

리엔진을 적용해서 실제 월드컵 중계방송을 보는 듯한 짜릿한 재미를 느낄 수 있다.

피파온라인 2는 최고 동시접속자 20만 명 이상을 기록하기도 했으며, 최근에도 10만 명 이상의 수준을 지속적으로 유지 중이다. 네오위즈게임즈는 올해 피파온라인 2를 통해서만 200억 원 이상의 매출을 기대하고 있다.

(2) 레이시티(RayCity)

레이시티는 제이투엠소프트가 개발한 MMO 레이싱 게임으로서, 서울을 배경으로 총 100km에 달하는 도로와 5,000여 개의 건물, 1만 개에 달하는 간판을 실제로 재현한 정통 레이싱 게임이다. 탄탄한 게임 개발력과 참신한 아이디어가 돋보이는 레이시티는 채널당 수천 명의 유저가 동시에 접속하여 상호 경쟁하며 게임을 즐기는 MMO 레이싱 게임으로 주목받고 있다. 동시접속자 1만 명을 기록하였으며, 중국에서도 이미 상용화에 들어갔다.

〈그림 Ⅳ-6〉 레이시티의 스크린샷

(3) 슬러거(Slugger)

슬러거는 와이즈캣이 개발한 온라인 야구게임으로서, 5등신의 실감나는 캐릭터를 사용해서 보다 사실적인 야구적 표현과 동시에 귀여운 마스크로 친근감을 더한 캐주얼 야구게임이다. 빠른 속도감으로 진짜 야구의 묘미를 한껏 살리고 야구게임 중 유일하게 마우스 조작을 지원해서 게이머들이 간편하게 게임을 즐길 수 있게 배려하였다. 동시접속자는 1만 명 정도이며, 야구 시즌 중에는 비시즌에 비해 동시접속자수가 30%가량 증대된다고 한다.

(4) NBA 스트리트 온라인(Street Online)

이는 네오위즈게임즈와 EA가 공동으로 개발한 온라인 농구게임으로서, 현란한 드리블, 다양한 트릭과 덩크슛 위주의 역동적인 움직임을 선보이는 스타일리시한 게임이다. 현실에서 맛보기 어려운 환상적인 덩크와 기술들

〈그림 Ⅳ-7〉 슬러거의 스크린샷

〈그림 Ⅳ-8〉 NBA 스트리트 온라인의 스크린샷

은 게이머들에게 새로운 온라인 농구게임의 매력을 느끼게 해 줄 것이다. NBA 스트리트 온라인은 NBA와 공식 라이센스 계약을 통해 앨런 아이버슨, 코비 브라이언트 등 NBA 30여 개 팀 128명의 슈퍼스타를 게임 속에서 만나볼 수 있는 세계에서 유일한 게임이다. 현재 프리오픈(Pre-Open) 베타 테스트 중에 있다.

3) RPG(Role Playing Game)

(1) 워로드(War Lord)

워로드는 네오위즈게임즈의 개발 스튜디오인 띵소프트에서 개발한 액션 RPG이다. 이 게임은 전쟁 액션 RPG로서 게이머가 전장에 용병으로 참여해서 자신의 캐릭터가 아닌 주위 모든 것을 일격에 베어 버리는 액션감을 자랑한다. 수많은 몬스터와 적들을 한 번에 베어 버리는 일당백의 호쾌한

〈그림 Ⅳ-9〉 워로드의 스크린샷

타격감과 초강력 액션의 진수를 경험할 수 있다. 주위 모든 것을 섬멸해 전장을 쓸어버리는 시스템 특성을 살려 다양한 미션과 게이머들과의 전략적인 공략이 가능하다. 워로드는 오픈 첫날부터 동시접속자가 2만 명을 넘어서는 등 큰 인기를 얻고 있다.

(2) 데카론(Dekaron)

데카론은 게임하이가 개발한 MMORPG로서 중세 유럽풍의 퓨전 판타지 3D MMORPG이다. 정교하고 화려한 그래픽과 간편한 인터페이스를 바탕으로 사실적이고 박진감 넘치는 전투 시스템을 보여 주는 새로운 스타일의 익스트림 액션 RPG이다. 데카론은 개발사인 게임하이의 사이트(www.dekaron.co.kr)를 통해서도 서비스가 진행 중이며 동시접속자가 5만 명을 넘어섰다.

〈그림 Ⅳ-10〉 데카론의 스크린샷

(3) 텐비(TENVI)

텐비는 시메트릭스페이스가 개발한 MMORPG로서, 섬세한 2D 그래픽과 역동성 있는 3D가 절묘하게 결합된 횡스크롤 MMORPG로서 남녀노소 누구나 손쉽게 즐길 수 있는 게임이다. 텐비에서는 기존 RPG와 달리 개성 넘치는 캐릭터의 육성이 가능하고 다양한 종족별로 완전히 새로운 필드에서 미지와 환상의 세계를 흥미진진한 퀘스트(quest)와 함께 경험할 수 있다.

〈그림 Ⅳ-11〉 텐비의 스크린샷

무엇보다 '파일럿'으로 불리는 캐릭터와 더불어 '가디언'으로 불리는 일종의 분신과 함께 자신만의 캐릭터를 꾸며 나가는 재미를 느낄 수 있는 한편, 하늘을 날아다니는 텐비만의 독특한 특징은 다른 게임에서는 경험할 수 없었던 짜릿한 쾌감을 선사하고 있다.

4) 아케이드/액션

(1) 알투비트(R2Beat)

알투비트는 씨드나인엔터테인먼트에서 개발한 뮤직레이싱 게임이다. 알투비트는 레이싱게임과 리듬액션 게임을 조합한 완전히 새로운 형태의 게임으로서, 경쾌하고 리드미컬한 리듬액션과 짜릿한 스피드를 경험할 수 있는 퓨전 게임이다. 다양한 대전모드와 리듬액션 속에서 다채롭고 긴장감 넘치는 게임을 즐길 수 있다. 알투비트는 국내에서는 1만 명 정도의 동시

〈그림 Ⅳ-12〉 알투비트의 스크린샷

접속자를 확보하고 있으며, 베트남, 중국 등에서도 큰 인기를 누리고 있다.

(2) 듀얼게이트(Duel Gate)

펜타비전이 개발한 듀얼게이트는 '대결의 문'이라는 뜻으로 액션과 전략, 트레이딩 카드 게임의 요소가 유기적으로 융합되어 있는 하이브리드(hybrid) 액션전략 게임이다. 듀얼게이트만의 수준 높은 액션 및 실시간 전략 플레이의 재미를 배가하기 위해 혁신적으로 도입한 '트레이딩 카드' 시스템은 유저들에게 다양한 재미를 선사하고 있다. 2008년 5월에 오픈 베타 서비스를 실시했으며, 2008년 피망의 기대작 중 하나로 꼽히고 있다.

(3) 포키포키(POKIPOKI)

네오액트가 개발한 포키포키는 다양한 아이템으로 꾸며진 개성 넘치는 나만의 캐릭터로 댄스, 화장실, 풍선, 샌드위치, 축구 등 다양한 미니게임을 한 곳에서 즐길 수 있는 3D 온라인 아바타 게임이다. 다양한 미니게임과

〈그림 Ⅳ-13〉 듀얼게이트의 스크린샷

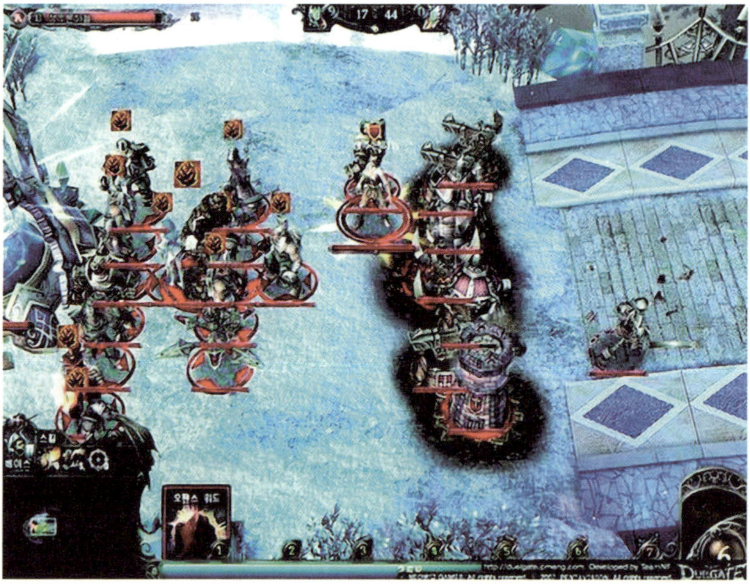

〈그림 Ⅳ-14〉 포키포키의 스크린샷

새로운 커뮤니티 시스템을 제공하며 남녀노소 누구나 즐길 수 있는 캐주얼 게임의 대표주자다.

5) 퍼펙트(perfect)KO

띵소프트에서 개발한 퍼펙트KO는 높은 그래픽 품질과 격투게임이 선사하는 통쾌한 타격감을 구현한 온라인 집단대전액션게임이다. 8방향의 자유로운 이동이 가능한 맵에서 최대 6명이 동시에 펼치는 화끈한 격투는 스트레스를 한 방에 날려 버릴 수 있는 시원한 재미를 선사한다. 또한 남녀노소 누구나 쉽게 즐길 수 있는 단순한 조작법으로 대전액션 게임의 대중화를 선도하였다.

〈그림 Ⅳ-15〉 퍼펙트KO의 스크린샷

2 신규 서비스 개발

네오위즈게임즈의 경쟁전략은 양질의 게임을 최대한 확보하여 안정적으로 서비스하는 것이다. 이를 위해 외부 게임의 퍼블리싱을 적극 추진해 왔으나, 동시에 내부 개발 스튜디오를 통해 지속적으로 신규 게임을 개발해 왔다.

1) 띵소프트(Thing Soft)

네오위즈게임즈는 2006년 12월 띵소프트를 흡수 합병했다. 현재 띵소프트는 네오위즈게임즈의 게임 개발의 중추로서, 넥슨에서 마비노기, 카트라이더 등의 게임 개발을 총괄하고, 택티컬커맨더스로 2001년 미국의 인디게임페스티벌(IGF) 대상 등 4개 부문을 석권한 전 넥슨대표 정상원이 이끄는 네오위즈게임즈의 게임 개발 스튜디오다.

띵소프트는 그동안 여러 게임을 개발하여 피망을 통해 서비스하였다. 대표적인 게임이 '피파온라인'이다. 피파온라인은 2006년 월드컵 시즌에 맞춰 EA와 공동 개발되었으며 최단기간 동시접속자수 16만 명을 기록하며 최고의 스포츠 게임으로 자리매김하였다. 현재 '피파온라인 2'라는 업그레이드된 버전으로 서비스 중에 있으며, 네오위즈게임즈의 주된 매출원이 되고 있다. 그외에도 타격감이 넘치는 무협 전장액션 '워로드'가 동시접속자 2만 명을 넘는 등 인기리에 서비스되고 있으며, RTS와 RPG를 결합한 신개념 게임 프로젝트 'GG' 등 다양한 게임을 제작 중에 있다.

프로젝트 'GG'는 정상원 본부장이 띵소프트를 창업할 때부터 기획을 시작하여 4년 넘게 개발하고 있는 MMORTS 대작이다. 아직 구체적인 게임의 내용이 공개된 적은 없지만, 프로젝트 'GG'는 '스타크래프트'의 테크트리처럼 전략성을 갖춘 RPG를 지향하고 있다. 기본적인 게임의 형태는 MMORPG이지만 전장에 입장하기 전 자신의 스킬이나 NPC(Non-Playing Character) 부하를 설정할 수 있고, 상대에 따라 다양한 전략과 전술을 펼치는 등 실시간 전략시뮬레이션(RTS) 같은 재미도 첨가된다. 비주얼 측면에서는 기존의 MMORPG처럼 판타지 세계를 배경으로 하되, 카툰렌더링(cartoon rendering) 방식을 도입하여 만화 같은 느낌을 준 것으로 알려졌다. 또한 캐릭터를 등 뒤에서 보는 시점을 도입해서 액션성을 높였다. 정상원 본부장이 넥슨 시절 서비스했던 '택티컬커맨더스'와 기본 컨셉이 유사한 것으로 알려져 큰 기대를 모으고 있다.

아울러, EA와 공동으로 개발 중인 배틀필드 역시 FPS 시장에 어떤 변화를 몰고 올지 관심이 집중되고 있다. 앞에서도 설명하였듯이 배틀필드는 EA와 네오위즈게임즈가 전략적 제휴를 체결한 이후 처음으로 공동 개발 중인 타이틀로서, 기존의 '카운터스트라이크'식 FPS에서의 탈피를 강조하고 있다. 배틀필드를 통해 네오위즈게임즈는 국내 최고의 FPS 명가로 거듭나기 위해 노력 중이다.

2) 펜타비전(Pentavision)

펜타비전은 10년이 넘는 세월 동안 한국의 PC게임, 아케이드게임, 온라인게임을 주도해 온 게임 개발의 명가다. 펜타비전은 음악게임인 PSP용 DJ 맥스 포터블 시리즈로 게임계에 일대 돌풍을 일으켰다. 국내뿐 아니라 해외에서도 게임 기획력과 개발력을 인정받고 있는 펜타비전은 하이브리드 액션 전략게임인 '듀얼게이트'와 TPS 게임인 'S4리그'를 개발해서 이미 피망을 통해 인기리에 서비스 중에 있다. 네오위즈게임즈는 펜타비전을 통해서 기존 온라인게임이 기초해 있는 PC 플랫폼에서 나아가 PSP 등 다양한 플랫폼에서의 게임 개발 능력을 확보하였다.

3 해외 진출 현황

네오위즈는 이미 일본과 중국에 진출해서 서비스를 진행 중이며, 최근에는 미국에 법인을 세워 본격적인 북미시장 공략에 나섰다. 이들 국가에서의 성공 경험을 바탕으로 향후 유럽시장으로까지 진출하고자 준비 중이다.

1) 일본

네오위즈는 2001년 4월 네오위즈재팬(www.gameon.co.jp)이라는 일본 법인을 설립함으로써 일본시장에 최초로 발을 내디뎠다. 2002년에 세이클럽 재팬(www.sayclub.jp)의 시범 서비스를 시작한 이후 지속적으로 새로운 서비스를 런칭해 왔다. 일본 서비스의 본격적인 시작은 2006년 4월 '게임츄(www.gamechu.jp)'라는 게임포털에서 찾을 수 있다. 네오위즈는 오픈

1년 만에 피망을 국내 대표 게임포털로 성장시킨 노하우를 토대로 일본 게임포털 시장에도 도전한 것이다.

게임츄는 현재 뮤직 레이싱게임 '알투비트'를 위시하여 일본인들이 좋아하는 마작, 대부호, 파친코 등의 일본 게임과 사천성, 맞고, 치코치코 등 한국의 인기게임들도 일본 사람들의 취향에 맞게 수정한 후 서비스 중이다. 또한 아바타 서비스도 일본 사람들의 스타일에 적합하게 바꾼 후 도입함으로써 재미요소를 더하였다.

이후 네오위즈는 2007년에 '게임온(www.gameon.jp)'이라는 일본 온라인게임 업체를 인수함으로써 보다 공격적으로 일본시장 공략에 나섰다. 게임온은 2001년 4월에 설립되어 한국 MMORPG를 수입하여 성공적으로 서비스해 왔다. 대표적인 게임이 '뮤', '천상비', '실크로드', 그리고 'RF 온라인' 등이며 일본 3위의 게임포털이다. 네오위즈는 자사의 일본법인인 네오위즈 재팬을 게임온과 합병함으로써 일본에서의 사업을 통일성 있게 진행할 계획이다.

네오위즈는 자사가 보유 중인 게임을 일본에서 퍼블리싱하기 위한 채널로서 게임온을 활용하고 있다. 게임온 인수 이후 '아바'와 '워로드'를 일본에서 서비스하기로 하였으며, 향후에도 네오위즈의 우수한 게임을 게임온을 통해 지속적으로 일본에서 런칭할 계획이다.

2) 중국

네오위즈는 또한 2008년 6월에 '네오위즈게임즈 차이나'를 설립하였다. 이 회사는 현재 중국에서 서비스 중인 FPS 게임 '아바'와 '크로스파이어' 및 뮤직 레이싱게임 '알투비트' 등 현지 게임서비스를 전문적으로 지원하게 된다. 이미 네오위즈는 2005년에 알투비트를, 2007년에는 아바와 크로스파이어를 중국 No. 1 게임포털인 텐센트(Tencent)를 통해 서비스 중이다. 텐센트는 1998년 11월 설립된 중국 최대의 인터넷 기업으로서, 중국 최대 인터넷 메신저QQ를 시작으로 큐큐닷컴, 게임포털 큐큐게임, 3G모바일 포털 등을 잇달아 선보이며 중국 인터넷 시장을 주도해 왔다. 이들 게임 중 알투비트의 경우 중국에서 런칭한 이후 40일 만에 동시접속자 12만 명을 넘는 등 큰 인기를 얻고 있다. 2008년부터 EA와 공동으로 개발한 피파온라인과 NBA 등을 중국에 서비스하고 있다.

3) 미국

네오위즈는 2008년 6월 약 300만 달러에 달하는 자본금을 전액 출자함으로써 실리콘밸리에 'Neowiz Games Inc.'를 설립하면서 미국 시장에 본격적으로 뛰어들었다. 그동안 네오위즈는 엔씨소프트, NHN, 넥슨 등 경쟁기업들에 비해서 해외진출 속도가 늦었던 것이 사실이며, 기존의 해외진출도 중국, 일본, 타이완, 베트남 등 아시아권 국가 위주로 이루어졌다. 또한 미국 시장에 네오위즈보다 앞서 진출한 기업들도 세계 최대의 게임시장이라는 미국에서는 이렇다 할 실적을 내지 못했고, 오히려 도전했다가 실패

〈그림 Ⅳ-16〉 미국의 컴퓨터 및 인터넷 보급률(1984~2007년) (단위: %)

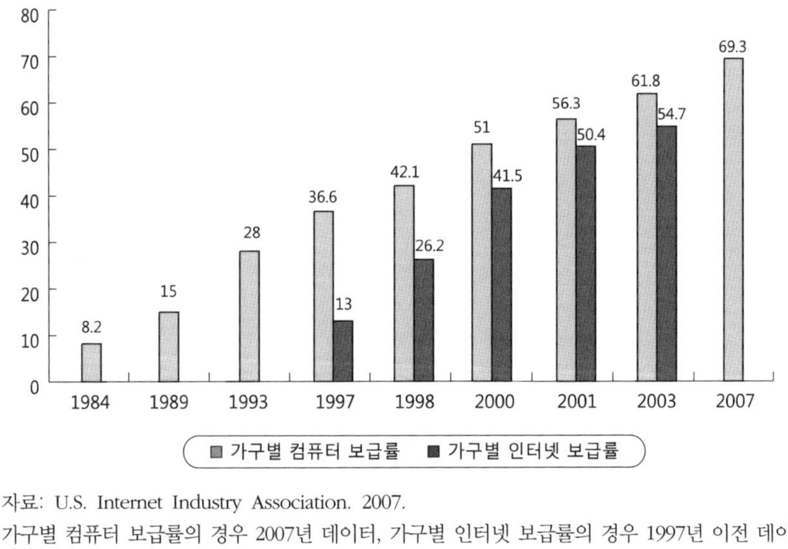

자료: U.S. Internet Industry Association. 2007.
가구별 컴퓨터 보급률의 경우 2007년 데이터, 가구별 인터넷 보급률의 경우 1997년 이전 데이터는 누락되어 있다.

〈표 Ⅳ-1〉 미국의 온라인게임 이용자 규모와 전망(2001~2009년) (단위: 100만 명)

구분	캐주얼게임 이용자	일반게임 이용	하드코어게임 이용자	합계
2001	28.1	3.7	0.6	32.4
2002	34.1	5.7	0.8	40.6
2003	39.3	7.7	1.3	48.3
2004	46.3	8.6	1.5	56.4
2005	52.6	10.5	1.8	64.9
2006	56.9	12.0	2.2	71.1
2007	60.9	13.3	2.6	76.8
2008	64.3	14.4	2.8	81.5
2009	68.3	15.6	3.1	87.0

자료: DFC intelligence, 2006

한 이후 법인을 철수하는 경우도 종종 있었다.

하지만, 미국 시장의 전략적 중요성은 매우 크다. 우선, 미국 온라인게임 시장은 매우 빠른 속도로 성장하고 있다. 개인용 컴퓨터 및 브로드밴드의 보급 등 온라인게임을 위한 인프라가 확대되고 있으며, 이와 함께 온라인게임 이용자도 지속적으로 증대되고 있다. 가구별 인터넷 보급률은 2007년에는 70%에 육박하는 것으로 추정되고 있으며, 온라인게임 이용자수도 2006년에 7,000만 명을 돌파하였고, 2009년에는 8,700만 명에 달할 것으로 조사되었다.

미국 게임시장은 전통적으로 비디오게임과 아케이드게임 위주였으나, 최근 온라인게임이 다른 어떤 플랫폼보다 빠른 속도로 성장하고 있다. 그 결과 2006년 현재 미국 온라인게임 시장은 약 13억 달러로서 전세계 온라인게임 시장의 25.4%를 차지하였고, 2009년에는 약 33억 달러로서 크게 증가하여 전 세계 온라인게임 시장의 32.5%를 차지할 정도로 성장할 것으로 보인다. 이러한 여러 현상들을 종합해 볼 때, 미국의 온라인게임 시장은 네오위즈를 위시한 한국 온라인게임 업체들에게 큰 기회의 땅이 될 것으로 보인다.

〈표 Ⅳ-2〉 권역별 온라인게임 시장 규모와 성장률(2004~2009년) (단위: 100만 달러)

구분	미국		유럽		아시아		합계	
	매출액	성장률(%)	매출액	성장률(%)	매출액	성장률(%)	매출액	성장률(%)
2004	639	–	197	–	1,877	–	2,713	–
2005	907	41.9	365	85.3	2,503	33.4	3,775	39.1
2006	1,295	42.8	651	78.4	3,157	26.1	5,103	35.2
2007	1,710	32.0	883	35.6	3,877	22.8	6,470	26.8
2008	2,589	51.4	1,646	86.4	4,399	13.5	8,634	33.4
2009	3,296	27.3	2,021	22.8	4,839	10.0	10,156	17.6

자료: 2007 대한민국 게임백서

〈표 Ⅳ-3〉 플랫폼별 미국 온라인게임 시장 규모와 성장률(2004~2009년)

(단위: 100만 달러)

구분	아케이드게임		PC게임		비디오게임	
	매출액	성장률(%)	매출액	성장률(%)	매출액	성장률(%)
2004	11,000	–	1,380	–	8,201	–
2005	9,790	−11.0	1,132	−18.0	9,018	10.0
2006	10,025	2.4	1,014	−10.4	12,147	34.7
2007	10,356	3.3	959	−5.4	14,905	22.7
2008	10,698	3.3	907	−5.4	12,932	−13.2
2009	11,050	3.3	858	−5.4	10,671	−17.5
구분	온라인게임		모바일게임		합계	
	매출액	성장률(%)	매출액	성장률(%)	매출액	성장률(%)
2004	639	–	170	–	21,390	–
2005	907	41.9	252	48.2	21,099	−1.4
2006	1,295	42.8	570	126.2	25,051	18.7
2007	1,710	32.0	868	52.3	28,798	15.0
2008	2,589	51.4	1,198	38.0	28,324	−1.6
2009	3,296	27.3	1,541	28.6	27,416	−3.2

자료: Online Game Industry Link. http://www.gamingindustrystocks.com/GIS/. 2007.

이렇게 전략적으로 중요한 미국 시장을 공략하기 위해, 네오위즈 미국법인은 먼저 가장 효율적인 사업 전략을 구체화할 계획이다. 아직 구체적인 사업 전략은 밝혀지지 않았지만, 네오위즈게임즈가 갖고 있는 게임 포트폴리오와 현지 투자 및 인수로 확보한 판권을 재판매하거나 직접 서비스할 것으로 보인다.

네오위즈는 법인 설립에 앞서 2007년에 미국 현지 개발사인 'Hidden Path Entertainment(대표 Jeff Pobest, 이하 HPE)'에 지분 투자를 단행했다. 정확한 지분율은 공개되지 않았지만 약 47억 원을 투자한 것으로 알려졌다. 이는 엔씨소프트가 전설적인 천재 개발자 리처드 게리엇을 영입하고, 넥슨이 역시 유명 개발자 알렉스 가든을 영입하여 북미 시장 공략의 틀을 닦은 것과 유사한 전략으로 보인다.

HPE(www.hiddenpath.com)는 전략 시뮬레이션 게임인 '에이지 오프 엠파이어(Age of Empires)'의 개발자들과 마이크로소프트 게임 스튜디오, 시에라 온라인, 앙상블 스튜디오 등 미국 유명 퍼블리셔 및 개발사에서 다년간의 경력을 쌓은 베테랑들이 모여 설립한 회사다. 제프 포베스트 대표를 포함한 4명의 공동 창업자들은 모두 마이크로소프트에서 퍼스트 및 서드 파티 개발사들을 총괄, 지원하는 업무를 담당하였으며, 현재까지 HPE에서 개발해서 출시한 게임은 2개로서 모두 Xbox360 라이브 아케이드 게임이다. 차기작 개발도 3개나 진행되고 있다. 이들 중 하나는 Xbox360 라이브 아케이드 게임 '디펜스 그리드: 더 웨이크닝'으로서 2010년 현재 서비스되고 있다.

네오위즈 미국법인은 이제 HPE의 개발 사업을 총괄하게 된다. 당장은 HPE가 출시한 게임들이 모두 Xbox360 라이브 아케이드 게임이어서 직접 퍼블리싱할 수는 없지만, 소위 AAA급 대형 타이틀이라고 자부하는 차기작의 경우는 네오위즈와 어떤 형태로든 협업을 통해 미국 시장에 출시될 것으로 보인다. HPE의 대표도 향후 미국 시장에서 콘솔(console)용 MMO 게임의 가능성을 높게 평가하고 있으며, 네오위즈의 서버 기술력을 기대하고 있는 점으로 미루어 볼 때 HPE의 차기 게임은 콘솔용 MMO 장르의 게임일 것이라는 추정도 나오고 있다.

네오위즈는 HPE 투자 및 현지 법인 설립 외에도 2008년 5월에 미국 게임업체인 G4박스(www.g4box.com)와 제휴하여 FPS 게임 '크로스파이어'를 서비스하기로 하였다. G4박스는 2006년 창립된 신생 게임 퍼블리셔로서 아시아에서 북미로 온라인게임 콘텐츠를 수입하여 서비스하고 있다. 현재까지 한국의 '드래곤라자(www.newraja.com)'와 '메틴 2(www.metin2.us)'라는 온라인게임을 퍼블리싱하였으며, 네오위즈게임즈와의 '크로스파이어' 서비스 계약이 3번째이다. 크로스파이어는 이미 베트남에서 공개 서비스 3일 만에 동시접속자가 6만 명을 넘는 등 큰 인기를 모으고 있기 때문에 북미 고객들의 취향에 맞게 현지화만 잘 이루어진다면 북미 시장에서도 좋은 반응을 거둘 것으로 기대되고 있다.

또한 네오위즈는 2007년 3월 세계 최대 게임사인 미국의 Electronic Arts(이하 EA)와 지분 투자 계약 및 온라인게임에 대한 전략적 제휴를 체결하였다. 이는 2006년에 EA와 온라인게임 공동 개발 및 퍼블리싱 계약을 체결하여 피파온라인을 성공적으로 런칭한 경험에 기반하고 있다. 네오위즈와 EA는 피파온라인의 경험을 통해 서로에 대한 신뢰를 형성하게 되었고 단순한 전략적 제휴 관계에서 나아가 지분 투자 관계를 추구하게 된 것이다. 구체적으로, EA는 네오위즈게임즈에 1,005억 원을 투자하여 17%(우선주 포함)의 지분을 확보하여 2대 주주가 되었다. EA는 장기적 관점에서 아시아 태평양 온라인게임 시장의 개척을 목표로 삼고 네오위즈게임즈에 투자한 것이다. 또한 EA는 네오위즈게임즈에게 5개의 EA의 콘솔게임을 온라인화하고 이들 중 최소 2개를 독점적으로 한국과 일본에 퍼블리싱할 수 있는 권한을 부여하였다. 네오위즈게임즈는 공동 개발작 5개 타이틀의 해외시장 서비스가 진행될 경우, 공동개발자로서 로열티를 배분받게 된다. 양사는 이미 앞에서 설명한 배틀필드 온라인(BattleField Online)과 NBA Street Live를 2008년에 개발 완료하여 국내외에 서비스할 계획이다. 네오위즈는 EA와의 제휴를 통해 양질의 콘텐츠를 확보하고, 이를 통해 미국 시장을 포함한 전 세계 온라인게임 시장을 공략하고자 한다.

이처럼 네오위즈는 이미 진출한 일본과 중국에 더하여 미국에 법인을 설

〈그림 Ⅳ-17〉 네오위즈게임즈와 EA의 지분투자 및 전략적 제휴

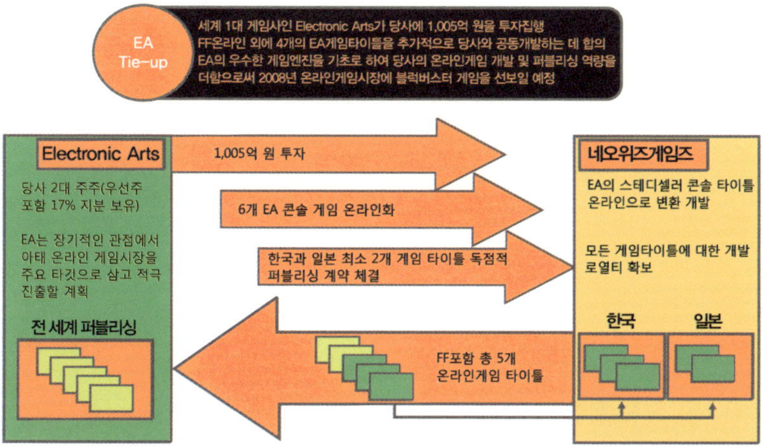

자료: 네오위즈게임즈 내부 문서

립하고, 미국 기업과 인수합병 및 전략적 제휴를 실행함으로써 북미 시장 공략에 나서고 있다. 이를 통해 '한국-아시아-미국-유럽'을 잇는 게임벨트(game belt)를 구축하고 이로써 네오위즈는 글로벌 게임사로서 성장하고자 한다. 2008년 6월 'S4리그'가 독일 최대 포털인 '알라플라야'를 통해 유럽시장에 진출하였다는 점, '크로스파이어'도 G4박스를 통해 미국뿐 아니라 영국시장에 진출하게 되었다는 점을 고려할 때 네오위즈의 유럽시장 진출도 곧 활발히 이루어질 것으로 전망된다.

제 V 장

네오위즈의 인사시스템

네오위즈는 급격히 변화하는 경영환경에 대응하기 위해 새로운 수익모델을 만들어 내어 3차례에 걸친 큰 변화와 도약을 이루어 냈다. 콘텐츠 제공자에서 인터넷 접속 프로그램 개발사로의 1차 도약, 인터넷 접속 프로그램 개발사에서 온라인커뮤니티 서비스 제공자로의 2차 도약, 거기에서 온라인게임 서비스 제공자로의 3차 도약에 이르기까지 네오위즈는 시장의 상황에 끊임 없이 능동적으로 적응해 왔다.

주목할 점은 이러한 변화와 도약의 각 단계가 짧은 기간 동안 이루어져 왔다는 것이다. 원클릭 소프트웨어 시장은 네오위즈가 개척한 이래 불과 2년 만에 치열한 경쟁에 직면했으며, 세이클럽의 아바타 서비스도 네오위즈가 개척한 이래 곧바로 다른 온라인서비스 업체들에 의해 모방되었다. 세이클럽의 매출은 2000년 말 아바타가 출시된 이후 3년간 증가하다가 2004년부터는 큰 폭으로 감소하기 시작한다. 2004년부터 네오위즈는 온라인게임 퍼블리싱 사업을 통해 세이클럽의 매출 감소를 극복하기 시작한다.

앞에서 국내 인터넷 시장의 현황을 다룰 때 언급하였듯이, 인터넷 관련

사업은 1990년대 후반 이후 급격히 성장하면서 인터넷 기업들에게 많은 기회를 제공한 것이 사실이다. 하지만, 동시에 시장의 큰 변동성은 인터넷 기업들에게 기회 못지 않게 큰 위협으로 작용하고 있다. 끊임없이 시장을 모니터링하면서 그에 대응하여 혁신적인 서비스를 제공하는 기업의 역량이 매우 중요하며, 네오위즈도 그러한 역량을 갖추기 위해 노력해 왔다.

네오위즈가 시장에 재빨리 대응하며 지속적으로 수익모델의 혁신을 이루어낼 수 있었던 데에는 네오위즈의 인사시스템이 큰 역할을 했다. 우선, 온라인서비스의 생산과 유통에는 서버(server), 데이터베이스(database) 등 여러 장비도 필요하지만, 다른 여타 산업에 비해 인적자원이 서비스의 생산과 유통에 차지하는 비중이 절대적이다. 즉, 온라인서비스의 혁신은 조직구성원 개개인의 창의적 사고와 이를 효과적으로 상품화하는 능력에서 비롯된다. 예를 들어, 네오위즈의 초기 수익모델의 근원이었던 세이클럽은 19살의 한 인턴사원의 창의적 사고에서 비롯되었다. 따라서 조직 내 구성원들이 창의성을 발휘할 수 있도록 동기부여시켜 주고, 구성원들의 아이디어가 실제 전사적 의사결정에 반영되도록 기회를 부여하며, 기술 및 시장의 변화에 따라 필요한 지식을 교육시켜 주는 것이 온라인서비스의 성공을 위해 매우 중요하다. 이는 조직의 인사시스템에 의해 달성될 수 있다.

또한 온라인서비스 산업의 변동성으로 인해 사전적으로 전략을 수립하는 노력의 의미가 퇴색되고 있다. 미리 시장 변화를 예측하고 그에 적합한 대응 전략을 수립하는 것 자체가 무척 어려운 일이 되었으며, 시시각각 변하는 시장상황을 재빨리 간파하고 유연하게 대응하는 능력이 보다 중요해졌다. 따라서 미리 짜인 계획에 따라 구성원들이 일사불란하게 움직이기보다, 시장과 맞닿아 있는 구성원들이 스스로 시장상황을 파악해서 새로운 아이디어를 내고 실행하는 조직이 보다 효과적일 것이다. 이러한 구성원들의 행동은 조직의 인사시스템에 의해 촉진될 수 있기 때문에 온라인서비스 기업에서는 인사시스템의 중요성이 크다고 볼 수 있다.

이하에서는, 네오위즈가 인적자원을 어떻게 관리하고 있으며 이를 통해 어떻게 급변하는 온라인서비스 시장에 대응하고 있는지 자세히 살펴본다.

먼저, 네오위즈가 추구하는 인재상을 살펴보며, 이러한 인재를 어떻게 확보하고 유지함으로써 조직의 성과를 높이고 있는지 알아본다.

1 인재상

어느 기업이든 나름의 인재상을 갖고 있으며, 이 인재상에는 그 기업의 사업을 수행하기 위해 꼭 필요한 자질이 무엇인지 나타나 있다. 따라서 이러한 인재상이 영위하는 사업의 특성상 적절한지 미리 점검해 보는 것은 중요하다. 여기서는 지주회사인 네오위즈의 인재상에 더하여 핵심 계열사인 네오위즈게임즈의 인재상도 아울러 살펴본다.

1) 네오위즈의 인재상

네오위즈는 최고의 인재들과 최고의 인재가 되기 위해 끊임없이 성장하고 노력하는 사람들이 모여 있는 곳이라고 스스로를 규정하고 있다. 구체적으로 네오위즈가 생각하는 최고의 인재는 아래의 5가지 조건을 갖춘 사람이다.

즉, 네오위즈는 열정, 성장에 대한 욕구, 스스로 생각하는 능력, 성과 지향성, 그리고 팀워크를 가진 사람을 최고의 인재로 보고 있다. 이는 끊임없이 변화하고 진화하는 온라인서비스 시장을 고려할 때 적절한 인재상으로 보인다. 주어진 규칙과 룰에 따라 수동적으로 순응하는 사람이 아니라, 시장의 변화를 주시하고 스스로 해답을 찾는 열정과 능력을 중시하기 때문이다. 또한 혁신적인 온라인서비스가 나오기 위해서는 기획, 디자인, 개발, 마케팅 등 다양한 직군의 사람들이 긴밀히 협조하는 것이 필요하기 때문에 팀워크에 대한 강조도 적절하다.

〈그림 Ⅴ-1〉 네오위즈의 인재상

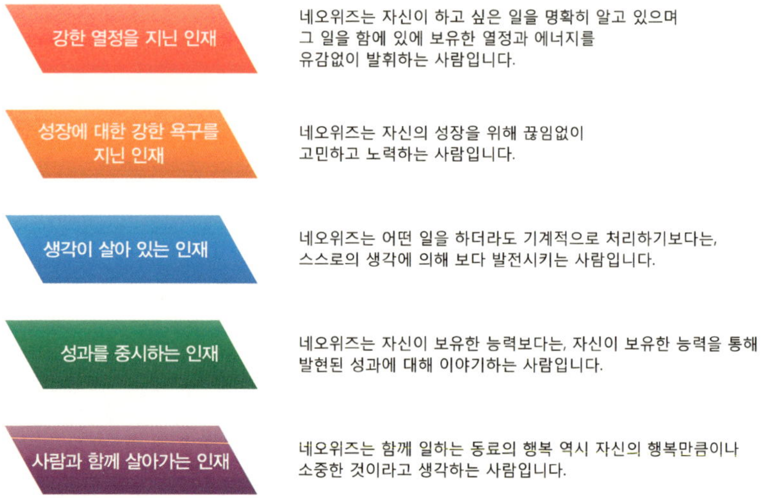

자료: 회사 내부 문서

2) 네오위즈게임즈의 인재상

네오위즈게임즈가 가진 인재상도 이와 유사하다. 네오위즈게임즈의 인재가 갖추어야 할 요건으로, 첫째 신의를 들 수 있다. 네오위즈게임즈의 직원은 항상 올바른 가치관과 기준을 가지고 행동에 임한다. 둘째는 유연성이다. 자신의 일과 커뮤니케이션에 있어서 유연하게 생각하고 행동하는 것이 필요하다. 셋째는 존중과 배려다. 서로를 존중하고 자신만큼 남을 배려하는 것 또한 필요한 자질이다. 넷째는 도전과 변화다. 네오위즈게임즈의 직원이라면 늘 새로운 도전과 변화를 즐기고 적극적으로 행동해야 한다. 마지막은 책임과 열정이다. 자신의 일을 열정적으로 추진하고 맡은 일에 책임을 다하는 사람이 네오위즈게임즈에서 추구하는 인재상이다. 그리고 이 5가지 중 모두가 중요하지만, 그중에서도 특히 네오위즈게임즈는 신의(integrity)를 강조하고 있다. 건전한 가치관과 기준이야말로 다른 4가지 요건들이 제대로 발현되기 위한 전제조건이 된다고 보고 있다.

〈그림 V-2〉 네오위즈게임즈의 인재상

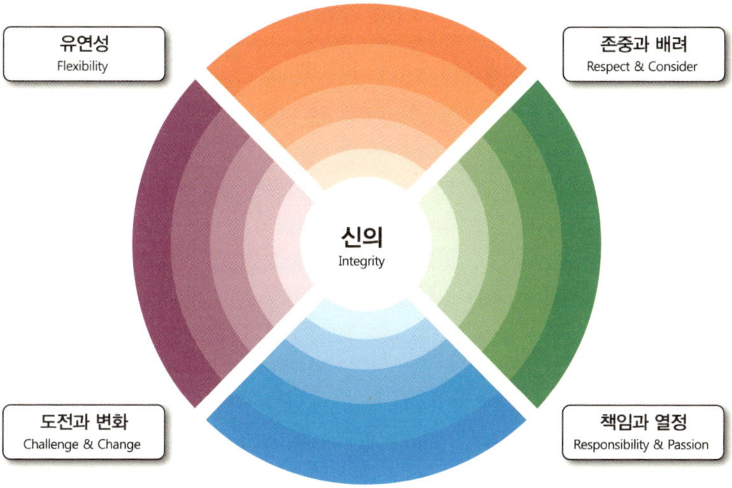

자료: 네오위즈게임즈 공식홈페이지(www.neowizgames.com)

위에서 설명한 대로, 네오위즈게임즈의 인재상은 네오위즈의 그것과 유사한 면이 많다. 먼저, 책임과 열정은 이들 모두에서 강조하고 있으며, 존중과 배려는 네오위즈 인재상 중 '사람과 함께 살아가기'와 일맥상통한다. 도전과 변화는 네오위즈 인재상 중 '성장에 대한 욕구'와 부분적으로 유사하다. 다만, 네오위즈게임즈에서는 신의와 유연성을 특히 강조하고 있다.

이는 네오위즈게임즈가 처해 있는 환경과 이에 대응하는 전략의 특성과 맥을 같이한다. 온라인서비스 중에서도 특히 온라인게임 시장은 그 변화의 속도가 매우 빠르다. 무수히 많은 게임들이 시장에 출시되었다가 게이머들의 심판을 받고 사라지곤 한다. 게이머들의 취향도 다양해지고 눈높이도 계속 올라가고 있다. 따라서 이러한 시장의 특성상 조직의 구성원들이 최대한 유연하게 사고하고 대응하는 것이 매우 필요한 것이다.

아울러, 네오위즈게임즈는 양질의 온라인게임을 확보하기 위해서 적극적인 인수합병과 전략적 제휴를 추진하고 있다. 이러한 전략이 성공하기 위해서는 당사자 간 파트너십이 공고히 형성되어야 하고, 그러한 파트너십의 근저에는 신뢰와 믿음이 자리잡고 있다고 볼 수 있다. 이는 물론 외부의 파트너들과의 관계에서만 적용되는 것은 아니다. 네오위즈게임즈 내부에서도 게임의 성공을 위해서는 관련된 여러 팀들 간의 동반자의식이 반드시 필요하다. 네오위즈게임즈가 신의를 갖춘 인재를 구하는 것도 이러한 환경과 전략의 특성과 관련 있다고 볼 수 있다.

2 인사시스템

그렇다면, 네오위즈는 이러한 최고의 인재를 어떻게 채용·배치하고, 동기부여시키며, 또 교육시키는지 살펴볼 필요가 있다. 채용, 평가, 보상 등 개별 인사제도에 대해서 살펴보기 전에 네오위즈의 전체적인 인사시스템의 특징을 먼저 정리하도록 한다. 비록 현재에는 네오위즈가 지주회사를 의미하지만, 지주회사 네오위즈와 각 계열사들 간에는 인사시스템상 차이가 거의 없다. 따라서 이 장에서 등장하는 네오위즈는 지주회사뿐 아니라 계열사 전반을 포괄하는 단어다.

1) 인사시스템의 내적 적합성(internal fit)

첫째, 네오위즈의 인사시스템은 조직 구성원들에게 동기부여(motivation), 기회(opportunity) 및 교육훈련(training)이라는 요소를 유기적으로 제공하고 있다. 조직 구성원들이 내재적으로(intrinsically) 혹은 외재적으로(extrinsically) 동기부여될 때 그들은 조직의 성공을 위해 열심히 일하게 되고 동시에 자신도 만족감을 느끼게 된다. 그러나 조직 구성원들이 충분히 동기부여되어 있다고 하더라도 조직의 성공을 위해 기여할 기회가 충분히 제공되지 않으면 동기부여의 효과가 반감된다. 마찬가지로 동기부여가 이루어진 구성원들이 회사의 의사결정에 참여할 기회를 갖게 되어도 그들이 양질의 의사결정을 내릴 능력이 부족하면 역시 조직의 성과는 증대되기

힘들 것이다. 따라서 업무와 관련된 충분한 교육훈련의 기회가 제공될 필요가 있다. 즉, 동기부여, 기회, 그리고 교육훈련은 상호 보완적인 요소로서 이들이 합쳐질 때 인사시스템의 효과성이 커지게 되며, 궁극적으로 조직의 성과도 향상될 수 있다(Appelbaum et al., 2000).

네오위즈의 경우, 인사시스템은 채용/배치 및 보상 제도를 통해 구성원들에게 열심히 일할 동기를 부여하고 있다. 네오위즈의 인재상에서도 드러났듯이, 네오위즈는 강한 열정과 적극성을 갖고 있는 사람만 채용하고자 노력한다. 해당 분야에 열정과 적극성, 성장욕구 등을 가진 사람은 업무를 수행함에 있어 큰 내재적 만족감과 동기부여를 갖게 된다. 또한 네오위즈는 채용추천 제도를 운영하고 있어서, 임직원들은 자신이 잘 아는 사람을 '추천'할 수 있으며 추천받은 사람이 실제로 입사하게 될 경우 추천한 사람은 금전적 보상을 받게 된다. 이러한 추천 제도를 통해 네오위즈는 업무에 대한 열정과 긍정적 태도를 지닌 사람을 채용할 수 있게 된다.

또한 네오위즈는 각 임직원들이 해당 업무를 잘할 수 있는가 외에도 그 업무를 과연 좋아하는지를 중요하게 고려하여 특정 업무에 배치한다. 모티베이션 이론에 따르면, 사람은 자신이 좋아하는 일을 하게 될 때 내재적으로 동기가 부여되고, 그 일에서의 성과도 좋아지게 된다. 네오위즈는 이러한 점을 고려해서 구성원들에게 업무를 할당하기 전에 반드시 그 사람이 해당 업무에 대해서 갖는 선호도를 알아보는 절차를 거친다. 예를 들어, 세이클럽의 홈피(미니홈페이지) 서비스는 그 서비스에 대한 아이디어를 내고 강한 열의를 보인 직원이 직접 팀장을 맡았고, 기획부터 실제 서비스의 상용화까지 총괄적인 업무를 담당하였다.

네오위즈의 보상제도 역시 구성원들에게 충분한 동기부여를 제공한다. 우선, 네오위즈는 '보상'이라는 용어 대신에 '공영'이라는 말을 사용한다. 그 근저에는, 회사와 직원은 서로 주고받는 관계가 아니라, 같이 노력하면서 만들어 낸 성과를 공유하는 공영의 관계라는 인식이 자리잡고 있다. 구성원들은 크게 기본급과 인센티브(incentive)를 공유받게 되는데, 기본급은 구성원의 실제 시장가치와 성과 평가 결과에 기초해서 지급되며 인센티브는 조직의 성과 목표 달성 정도에 기초해서 지급된다. 이러한 공영제도를 통해 각 구성원들은 노력하고 기여한 만큼 적정한 금전적 보상을 받게 된다.

다음으로, 네오위즈의 인사시스템은 조직 구성원들에게 의사결정에 참여할 기회를 제공한다. 우선, 네오위즈에는 직급과 호칭이 없다. 대신 팀원, 팀장, 실장, 본부장, 사장으로 구성되는 직책만 존재하며, 호칭은 특별한 경우를 제외하고는 '님'으로 통일되어 있다. 네오위즈는 이러한 제도를 통해 구성원 서로간에 원활한 소통과 협력을 촉진하고 있으며, 경직되고 딱딱한 상하체계의 조직을 거부함으로써 유연한 업무 환경을 조성하고 있다. 이러한 제도 하에서 네오위즈 내 모든 구성원들은 서비스에 대한 여러 아이디어를 자유롭게 다른 구성원들에게 공유하고 제안할 수 있다. 네오위즈는 또한 정기적으로 모든 임직원이 참여하는 간담회를 열고 있으며, 이러한 간담회가 아니라도 사내 이메일을 통해 언제라도 업무와 관련된 각종 건의 및 제안을 손쉽게 할 수 있다. 네오위즈의 경영진들은 이러한 열린 커뮤니케이션 문화를 적극 지원하고 있다.

마지막으로, 네오위즈는 임직원들에게 다양한 교육 기회를 제공한다. 모든 직원들은 부서에 배치되면서부터 OJT(On-the-Job-Training)를 받게 되며, 이러한 사내 교육을 금전적으로 지원하는 제도도 운영되고 있다. 또한 교육비 제도를 운영하고 있어서, 임직원들은 자신의 역량을 개발하기 위해 필요한 다양한 외부 교육을 수강할 수 있으며 회사에서 이를 지원한다. 예를 들어, 네오위즈는 특별 어학제도를 운영하고 있으며 월 50만 원에 한해서 어학 수강료를 회사에서 지원하고 있다. 또한 스칼라십 프로그램(scholarship program)을 운영하고 있어서, 우수한 인재가 국내외 대학에서 업무와 관련된 학위 과정을 다닐 수 있게 경비를 지원해 주고 있다. 예를 들어, 경영기획이나 마케팅 직군의 경우 국내외 MBA 프로그램(예: Stanford, Harvard, Wharton)에, 디자인 직군의 경우 해외 유명 디자인 스쿨(예: Parsons, NYU, Carnegie Mellon 등)에 진학해서 학업을 마칠 수 있도록 학비 등 관련 경비를 지원해 준다. 그 외에도 다양한 교육훈련 프로그램을 네오위즈는 운영하고 있다.

이처럼 네오위즈의 인사시스템은 구성원들에게 동기부여, 참여기회, 그리고 교육훈련을 동시에 제공하고 있다. 이로써 구성원들은 업무에 만족을 느끼고 성장하게 되며, 조직도 개별 구성원들의 높은 업무 성과로 인해 혜택을 보게 된다.

2) 인사시스템의 외적 적합성(external fit)

네오위즈의 인사시스템은 그 자체로서 상호보완적인 요소들이 유기적으로 결합되어 있을 뿐 아니라 조직 전체의 핵심 전략과도 일관성을 갖추고 있다. 앞에서 언급하였듯이 네오위즈(특히 네오위즈게임즈)의 경쟁 전략은 최대한 우수한 품질의 온라인서비스(예: 게임)를 자체적으로 개발하거나 외부에서 확보하는 데 있다.

양질의 서비스를 개발하기 위해서는 조직 내 구성원들의 창의성(creativity)을 최대한 이끌어 내고 이를 서비스로 구현하여 사업화하는 역량이 필요하다. 우선, 구성원들의 창의성을 유도하기 위해서는 이들을 내재적으로 만족시키고 동기부여시킬 필요가 있다. 네오위즈는 채용단계에서부터 열정과 적극성을 가진 사람 위주로 뽑아서 이들이 좋아하는 일을 맡김으로써 구성원들의 내재적 만족도를 최대한 높이고 있다.

또한 네오위즈는 조직 구성원들 각자의 아이디어가 실제 서비스로 구현될 수 있는 기회를 제공하고 있다. 누구나 손쉽게 이메일을 이용해서 자신의 아이디어를 남들과 공유하고 토론할 수 있으며, 회사에서는 이러한 열린 커뮤니케이션을 적극 강조한다. 실제로, 피망의 각종 온라인게임들의 품질도 조직 내 모든 구성원들의 다양한 제안에 의해 더욱 높아질 수 있었다. 피망의 대표적인 대작 게임 스페셜포스의 경우, 해당 사업팀, 서비스팀과 QA(quality assurance)팀 외에 다른 팀의 많은 구성원들이 게임 QA 시간에 자발적으로 참여하여 게임 내 각종 버그(bug)를 신고하고 여러 가지 개선 아이디어를 제안하였다.

이렇게 네오위즈는 구성원들의 창의성을 높이고 그러한 창의성이 실제 혁신적인 서비스로 이어지게 촉진하는 시스템을 갖고 있다. 이로 인해 네오위즈는 급변하는 시장 상황에 능동적으로 대응하여 여러 차례의 도약을 이루어 낼 수 있었다. 이렇듯 네오위즈의 인사시스템은 전략의 성공적인 실행을 가능하게 하는 방향으로 설계되고 운영되고 있다.

3) 인사부서의 적극적 역할[1)]

네오위즈 인사시스템의 또 하나의 특징은 이를 운영하는 인사부서가 매우 능동적으로 자신의 역할을 인식하고 실행에 옮긴다는 점이다. 우선, 인사부서는 네오위즈가 속해 있는 온라인서비스 산업의 특성을 정확히 파악하고 있다. 구체적으로, 시장의 규모가 크게 확대될 돌파구(breakthrough)가 부족한 상황에서 경쟁은 매우 치열해지고 있으며 게이머들의 취향은 갈수록 다양해진다. 이러한 상황에서 미래에 대한 예측은 어려워지며 그러한 예측에 근거해서 작성된 전략의 효과성은 낮아질 수밖에 없다. 보다 중요한 것은 연초에 수립된 전략에 관한 파워포인트 문서가 아니라 시시각각 변하는 시장의 상황을 주시하고 그에 적합한 방안을 마련하여 신속하게 대응하는 것이다. 네오위즈의 인사부서는 미리 정해진 목표에 따라 성과평가를 함으로써 구성원들의 행동을 구속하는 우를 범하지 않기 위해 노력한다.

또한 온라인서비스 업체에게 있어 가장 중요한 생산설비는 바로 사람임을 명확히 인식하고 있다. 따라서 기계가 고장 없이 잘 작동하는지 늘 예의 주시해야 하듯이, 네오위즈의 각 구성원들이 업무나 인간관계 등에 불만 없이 업무에 잘 매진하고 있는지 늘 모니터링할 필요가 있다. 네오위즈 인사팀이 바로 이러한 역할을 수행하고 있다. 인사팀 사람들은 직원들과의 접점을 가능한 많이 만들기 위해서 노력한다. 신입사원의 경우 입사 후 6개월까지 지속적으로 면담하면서 그들이 가진 각종 애로 사항을 파악하고

1) 이 부분의 내용은 네오위즈 HR팀의 이윤석 팀장과의 인터뷰 내용(2008/06/10)을 토대로 작성된 것이다.

해결하기 위해 노력한다. 6개월이 지난 이후에도 비공식적으로 식사를 하거나 술을 마시면서 자연스럽게 업무 과정상 불만 요인들을 파악하고 있다. 전사적인 직원만족도 조사를 1년에 한 번씩 진행하고 있으며, 퇴직하는 사원들과도 반드시 인터뷰를 진행해서 네오위즈에서 가졌던 불만 요인과 이직 사유를 꼼꼼히 파악하고 이를 해결하고 있다.

나아가 네오위즈 인사팀은 라인 매니저(line manager)들과 긴밀히 협조하여 인사관리 업무를 진행하고 있다. 전사적인 인사시스템을 설계하고 운영하는 것은 인사팀 고유의 업무이지만, 실제 개별 구성원들에 대한 교육과 평가 등 인사관리 활동이 일어나는 곳은 현업의 부서 내부다. 따라서 네오위즈 인사팀은 지속적으로 현업의 본부장들을 만나서 그들이 하위 구성원들을 관리함에 있어 겪는 어려움과 니즈를 파악하고 있다. 또한 개별 구성원들의 태도와 행동은 현업의 팀장과 본부장이 가장 잘 관찰할 수 있기 때문에 본부장들에게 평가와 보상에 관한 권한을 상당부분 위임하였다. 동시에 인사팀은 본부장들이 이러한 인사제도를 잘 운영하도록 조언하고 지원하는 역할을 맡는다.

마지막으로, 네오위즈 인사팀은 다른 동종 업체 직원들을 자주 만나면서 네오위즈 인사시스템의 개선을 위한 아이디어를 구하고 있다. 우선, 인터넷 업계의 인사담당자들 간의 커뮤니티가 존재하고 있으며, 네오위즈 인사팀도 이 커뮤니티에 적극 참여해서 여러 의견을 교환하고 정보를 얻고 있다. 그리고 인사담당자가 아닌 일반 직원들도 종종 만나서 해당 기업의 문화, 분위기, 인사제도 등에 대한 정보를 구하기도 한다. 이러한 외부와의 교류를 통해 네오위즈 인사팀은 구성원들이 자신의 시장가치에 적합한 보상을 받을 수 있게 해 주고, 우수 인력을 스카우트해 오는 등 인사시스템의 원활한 운영을 위해 노력하고 있다.

3 개별 인사제도

앞에서는 네오위즈 인사시스템 전반의 특성을 살펴보았다. 이제는 이러한 인사시스템을 구성하는 개별 인사제도들을 채용, 평가, 공영, 성장 등의 차원으로 나누어 간단히 정리한다. 이에 앞서 개별 인사제도 설계의 근간이 되는 주요 원칙들을 먼저 알아본다.

1) 인사제도의 방향성

네오위즈의 비전은 '백년 기업'이며, 이를 실현하기 위해 채택한 핵심가치가 '개척/수익/행복'이다. 네오위즈의 인사제도 역시 이러한 비전과 핵심가치에 기초해서 설계되어야 할 것이다. 네오위즈 인사제도의 방향성은 다음과 같다.

우선, '성과중시'를 들 수 있다. 성과를 명확히 정의하고 이에 대해 적절한 인정 및 보상을 해 줌으로써 지속적인 성과창출의 기반을 마련하고자 한다. 이는 네오위즈 핵심가치 중 수익과 직접적인 관련이 있다고 판단된다.

다음으로, '전문가 지향'을 들 수 있다. 인사제도를 통해 개인의 전문적 역량을 증대시킴으로써 성과창출의 기반을 마련하고 이를 통해 직원과 회사가 함께 성장하자는 것이다. 이는 네오위즈가 추구하는 직원의 행복과 회사의 개척 및 수익을 함께 고려한 원칙으로 생각된다.

마지막으로, '직원 만족'이라는 원칙이 있다. 인재가 일을 통해 만족을 얻고 행복을 느낄 수 있도록 제반 근무여건과 인사서비스를 최적화한다는 것이다. 이는 직접적으로 구성원들의 행복이라는 핵심가치를 반영한 것이다. 이러한 3가지 방향성은 네오위즈의 모든 인사제도의 근저에 자리잡고 있으면서 궁극적으로 네오위즈의 비전과 핵심가치를 실현하는 데 도움을 주고 있다.

2) 채용

네오위즈의 채용 프로세스는 크게 1차 실무 인터뷰와 2차 인성 인터뷰로 구분된다. 서류심사를 통과한 지원자를 대상으로 실무 능력과 이를 뒷받침할 인성을 검증하여 네오위즈의 인재상에 부합하는지 확인하는 것이다. 1차 실무 인터뷰는 SME(Subject Matter Experts)라고 불리는 면접관들이 주도하며, 지원자가 가진 실질적인 업무 관련 지식을 질의하는 과정이다. SME는 각 직렬별로 미리 지정되어 있으며, 자신의 팀원을 채용하는 면접이 아닐지라도 면접에 참여하여 인터뷰를 진행해야 한다. 인성면접은 특정 직군/직렬의 업무를 수행하는 데 필요한 인성을 지원자가 충분히 갖추고 있는지, 네오위즈의 인재상에 나타나 있는 태도를 적절히 갖고 있는지를 검증하는 과정이다.

채용은 직군별로 이루어지며, 각 직군마다 상이한 자격요건을 갖고 있다. 네오위즈게임즈의 경우, 기획 직군, 디자인 직군, IT 기술 직군, QA 직군, 서비스운영 직군, 경영지원 직군, 게임제작부문(웹게임) 직군, 게임제작부문(웹게임) 직군 등 총 8개의 직군이 있다. 또한 각 직군 내 직무가 다시 분류되어 있는 직렬들이 존재하고 있다. 이러한 직무의 분류는 사업 전략 수행을 위한 인적자원 육성의 틀과 향후 설계할 인사시스템의 기본 플랫폼(platform) 역할을 수행한다. 네오위즈의 모든 구성원들은 각자 하나의 직군과 직렬에 속하게 되며, 해당 직렬 내에서 전문가로 성장하게 된다. 〈표 V-1〉

〈그림 V-3〉 네오위즈의 채용 프로세스

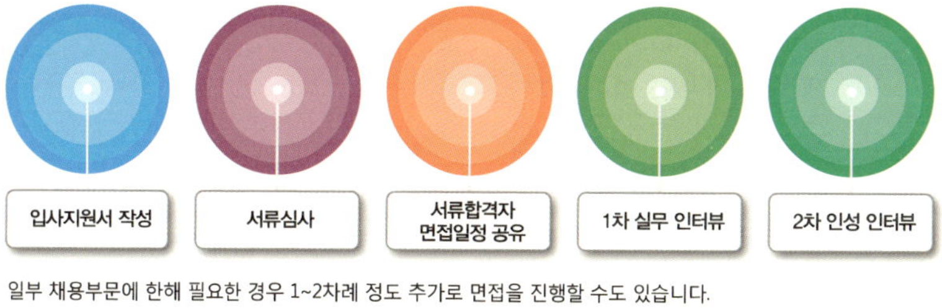

자료: 네오위즈게임즈 공식홈페이지(www.neowizgames.com)

〈표 Ⅴ-1〉 네오위즈게임즈의 기획 직군의 직렬별 채용 자격요건

직렬	자격요건	희망사항
사업 기획	- 네오위즈 가치와의 호환성 - 인터넷 비즈니스 및 게임 산업에 대한 높은 관심 - 사업 그 자체에 대한 높은 관심 - 전략에 대한 높은 관심	- 네오위즈 가치와의 정합성 - 인터넷 비즈니스 및 게임 산업에 대한 통찰력 - 사업 그 자체에 대한 통찰력 - 전략에 대한 통찰력
마케팅 기획	- 인터넷 서비스에 대한 관심과 경험, 인터넷 산업에 대한 폭넓은 이해를 보유하신 분 - 대내외 원활한 의사소통 능력과 적극적인 성격을 보유하신 분 - 창의적인 아이디어와 전략적 Mind를 겸비하신 분	- 아이디어를 현실화할 수 있는 마케팅 기획력을 보유하신 분 - 시장환경 및 고객Needs, 시장기회 분석능력과 마케팅 실행능력을 함께 보유하신 분 - 인터넷 분야의 마케팅(광고, 프로모션 등) 관련 업무 경험자 우대
DB 마케팅	- 통계적 분석 능력 및 활용 경험 - 대용량 DB 구조에 대한 기초적인 이해 - 분석 결과 Reporting 및 Action List 도출	- 통계 분석 Tool 이용 가능(SAS) - SQL을 통한 DB Control 능력 - 문제의 구조화를 통한 해결 방안 도출 능력
게임퍼블리싱 기획	- 게임퍼블리싱 관련 전반업무 경험자 또는 게임마케팅 관련 전반업무 경험자 - 문서를 작성하는 기본적인 스킬의 보유 - 기본적인 재무 관련 지식의 보유 - 대내외 커뮤니케이션을 위한 원만한 성격의 보유 - 게임을 좋아하고 다양한 종류의 게임에 대해 풍부한 경험을 보유하신 분	- 게임방송업무 경험을 보유하신 분 - 게임대회 기획 및 운영 경험을 보유하신 분 - 대 PC방 업무 경험을 보유하신 분 - 기본적인 서비스기획 업무 및 유료화 기획 경험을 보유하신 분
영업	- 광범위한 네트워킹 능력/ 협상, 교섭력/ 유연성 등을 두루 갖추었을 것	- 유수의 (온라인)광고대행사, 미디어렙, 매체사 등에서 온라인 광고 관련 업무를 2년 이상 담당했을 것

직렬	자격요건	희망사항
영업	–매체-광고 업계에 경력을 바탕으로 폭넓은 인적 네트워크를 형성했을 것 –온라인광고 Ad Server에 대한 기초적인 이해 및 운영(Ad Master)에 대한 경험이 있어야 함 –광범위한 네트워킹 능력/ 협상, 교섭력/ 유연성 등을 두루 갖추었을 것	
기술 기획	–웹프로그래밍, 네트워크프로그래밍, DB에 관한 일반적인 이해와 경험 –기술 관련 문서화 작업 경험	–기술 Trend의 변화와 예측에 관심이 많으며 관련 연구를 수행한 경험을 보유하신 분 –다양한 플랫폼 상에서 개발 및 시스템 운영의 경험을 보유하신 분 –석/박사 학위 소지자 우대
해외 사업 기획	–네오위즈 가치와의 호환성 –인터넷 비즈니스 및 게임 산업에 대한 높은 관심 –사업 그 자체에 대한 높은 관심 –전략에 대한 높은 관심 –다양한 언어와 문화에 대한 높은 관심과 경험	–네오위즈 가치와의 정합성 –인터넷 비즈니스 및 게임 산업에 대한 통찰력 –사업 그 자체에 대한 통찰력 –전략에 대한 통찰력 –한국어 능력과 함께 최소한 1개 이상의 외국어 능력
웹 서비스 기획	–스스로 다양한 인터넷 서비스를 경험하고 Heavy User라고 생각하는 분 –급변하는 네티즌의 Trend와 욕구를 잘 파악하고 있다고 생각하는 분 –성실하고 책임감 있으며 업무추진력이 탁월한 분	–인터넷 서비스 시장에 대한 이해 및 다양한 서비스 기획/운영 관련 경험자 –User Experience Design 능력을 보유하신 분 –의사소통이 원활하고 프로젝트 관리에 대한 능력을 보유하신 분
게임 기획	–게임을 좋아하고 게임에 대한 풍부한 경험과 이해를 보유하신 분 –풍부한 창작 아이디어를 보유하신 분	–게임 관련분야 경험자 우대 –게임 관련학과 전공자 우대

직렬	자격요건	희망사항
게임 기획	–아이디어의 문서화를 통해 기획서로 표현할 수 있는 능력을 보유하신 분 –게임시장의 동향을 정확하게 파악하여 소비자들의 욕구를 만족시킬 수 있는 분석능력을 보유하신 분 –게임창작에 남다른 열정과 재능을 보유하신 분	–업무와 관련하여 타 부서와의 원활한 의사소통 능력을 보유하신 분
콘텐츠 구축	–2년제 대학 재학 이상(휴학생 포함) –웹사이트 서핑에 능숙하신 분 –기본 HTML 작성 및 HTML 소스이해가 가능하신 분 –OA(엑셀, 워드)를 이용한 기본적인 자료작성이 가능하신 분 –성실하고 책임감이 강한 분 –6개월 이상 근무 가능하신 분	–검색서비스 관련 직종 경력자 우대 –정보검색검색 자격증 보유자 우대 –문헌정보학과 등의 정보검색 업무와 유관한 학과출신자 우대

자료: 네오위즈게임즈 공식홈페이지(www.neowizgames.com)

에서는 '기획' 직군의 예를 들어 채용 자격요건이 어떻게 직렬별로 상이한지 제시되어 있다.

3) 성과평가

네오위즈는 모든 임직원들의 성과를 연 2회 정기적으로 평가한다. 이러한 성과평가(PA: performance appraisal) 제도의 목적은 회사와 개인이 함께 성장하기 위해 필요한 피드백(feedback)을 상호 교환하고 보다 적절한 성장계획을 수립하기 위함이다. PA를 통해 네오위즈에서 일하는 모든 구성원들이 끊임없이 함께 발전하는 것이 네오위즈가 갖고 있는 꿈이다. 이러한 이유로, 모든 네오위즈 구성원들은 반기별로 자신의 목표와 성과에 대해 담당 매니저와 커뮤니케이션하게 된다. 개인에 대한 PA는 크게 업적평가와 역량평가의 두 부분으로 구성되어 있다.

(1) 업적평가

먼저, 업적평가는 전사 및 조직의 목표와 연계된 재무적, 비재무적인 목표에 대한 당 연도 달성 정도에 대한 평가로서, 직무수행의 결과에 대한 평가가 주로 이루어집니다. 직무기술서상의 주요 책임 및 활동, 전략과제에서 도출한 조직목표, 조직 및 직무의 핵심성과지표(KPI) 등에 대해 목표를 수립하고 평가하게 된다.

업적평가는 직무 수행자 스스로 자신의 업무 목표를 세우고 이를 평가자와 합의한 후, 목표 대비 어느 정도 달성했는가에 따라 평가하는 방식으로 이루어진다. 업적평가 요소는 직무수행 결과와 관련된 평가지표로서, 팀별 사업목표와 직무기술서상의 주요 업무 및 책임 등을 참조하여 평가자와 합의하여 선정하며, 선정된 업적평가 요소를 바탕으로 각 요소에 대한 목표 수준을 설정하고 목표기술서를 작성한 후 한 해 동안 이룩한 성과를 바탕으로 5단계(S-A-B-C-D)평가를 시행한다. 모든 네오위즈 구성원들은 업적평가 시에 아래의 4가지 업적평가모델 중 하나를 선택하여 평가받게 된다.

〈표 V-2〉 네오위즈 업적평가 모델

종류	개요
일반참여형	사전에 사업계획에 기초하여 목표기술 방식에 의해 목표를 설정하고 사후에 평가하는 방법이다. 현재 네오위즈 구성원들의 대다수가 일반참여형에 해당된다.
성과참여형	계량적인 목표설정이 가능한 직무에 적용하는 것으로 조직장이나 광고영업 등 일부 직무에 적용 가능하다.
성과신고형	사전적으로 목표기술을 하기에 어려움이 있는 직무에 적용할 수 있는 방법으로서 사후적으로 업무수행결과에 대해 기록하는 방식이다(예: 디자인).
단순고과형	단순 지원(Admin) 업무를 하는 경우 적용한다(현재 해당 없음).

자료: 네오위즈 내부 문서

(2) 역량평가

역량평가는 업적목표 달성을 위해 요구되는 지식, 기술, 행동양식 등의 태도/능력 요소에 대한 평가로서, 직무수행의 방법에 대한 평가가 주로 이루어진다. 직군/직렬별 특성이나 Role에 따라 요구되는 핵심 역량을 발휘한 수준에 대해 평가하게 된다.

역량(competency)은 성공적인 직무/역할 수행을 위해 요구되는 관찰 가능하고 개발 가능한 핵심적인 지식, 기술, 자질/동인 및 행동양식을 지표화한 것이다. 매년 초에 전 연도 말 기준으로 역량에 대한 평가를 통해 임직원들 스스로 역량을 개발할 수 있는 방향을 제시함으로써 네오위즈 구성원 개개인의 전문역량의 개발을 촉진하게 된다.

역량의 종류에는 공통역량(core competency), 관리역량(managerial competency), 직무역량(technical competency)이 있다. 팀장의 경우 공통역량, 관리역량, 직무역량에 대해 모두 평가받으며, 일반 직원의 경우 관리역량을 제외한 공통역량과 직무역량에 대해서만 평가받게 된다.

첫째, 공통역량은 네오위즈의 비전과 핵심가치로부터 도출된 것으로 모든 네오위즈 임직원이 공유해야 할 가치라고 할 수 있다. 공통역량으로 도출된 역량은 적극성(proactiveness), 성과지향(performance orientation), 의사소통(communication), 신의/성실(integrity), 그리고 자기개발(self development) 등 5가지다.

둘째, 관리역량은 조직 내 역할/책임 등을 고려하여 관리자인 팀장에게 적용되는 역량을 말한다. 관리역량으로 도출된 역량은 의사결정(decision making), 팀원 육성(developing talent), 그리고 팀 빌딩(team building) 등 3가지다.

마지막으로, 직무역량은 특정 직렬이나 직무를 수행함에 있어 요구되는 지식, 기술 등으로 구성되어 직렬별로 적용되는 역량이다. 각 직렬별로 4가지 역량이 도출되었다. 이들 3가지 역량 항목에 대한 종합적인 검토를 거쳐 역량평가 결과를 5단계(S-A-B-C-D)로 도출한다.

(3) 평가 프로세스

업적평가와 역량평가는 연 2회(매년 1월/7월) 실시되며, 업적평가와 역량평가 결과를 토대로 종합평가를 연 1회(매년 1월) 시행하게 된다. 종합적인 개인평가 프로세스는 아래와 같으며 효과적인 성과평가를 위해 업무지도 및 성과기록이 연중 수시로 행해지도록 한다.

팀장을 조직장으로 육성하기 위해 평가 시 팀장의 역할을 더욱 높였다. 팀장이 목표설정, 업무지도 및 중간면담, 평가결과 도출, 평가결과 피드백 등 평가와 관련된 주요활동을 주도하고 이에 대한 책임을 지도록 한 후 최종적으로 실장이 평가결과를 확인한다. 실장은 팀장의 전반적인 평가내용과 더불어 평가의 공정성, 관대화 경향 등 평가 오류를 검토하고, 평가오류가 발견되거나 전반적인 평가결과에 조정이 필요하다고 판단될 경우에는 팀장에게 재평가 또는 조정을 요청하게 된다.

개인에 대한 업적평가, 역량평가 및 종합평가 결과는 보상 결정 및 성장에 활용된다. 구체적으로, 개인 업적평가는 임직원에 대한 인센티브 지급에

〈표 Ⅴ-3〉 네오위즈 PA 진행 프로세스

활동	시기	내용
당해 연도 목표 설정	1월 초	평가자와의 면담을 통해 업적평가 목표를 수립하고 역량 지표를 확인한다.
상반기 업적 중간면담	3월 말	상반기 업적 중간 면담을 실시하여 업적 목표 대비 진척도를 체크한다.
상반기 업적 중간평가/역량 중간면담	7월 초	상반기 업적평가를 실시하고 상반기 역량 중간면담 및 가(假)평가를 실시한다.
하반기 업적 중간면담	9월 말	상반기 업적 중간 면담을 실시하여 업적 목표 대비 진척도를 체크한다.
전 연도 연간 평가면담	1월 초	하반기/연간 업적평가 및 연간 역량평가를 실시한 후 연간 개인 종합평가를 실시하여 평가등급을 도출하게 된다.

자료: 네오위즈 내부 자료

반영된다. 인센티브는 개인 업적평가와 조직성과에 따라 결정되게 되며, 개인 업적평가와 조직성과의 반영 비율은 80% 대 20%이다.

역량평가 결과는 개인의 성장에 반영된다. 역량평가 결과를 바탕으로 당해 역량개발 계획을 수립하고 필요한 교육훈련 프로그램을 활용하여 역량 향상을 도모하게 되며, 역량의 개발 수준에 따라 레벨업(level-up)도 가능하게 된다. 업적평가와 역량평가를 종합하여 도출된 종합평가 결과는 기본급 차등 인상에 반영된다.

4) 공영제도

네오위즈의 보상구조는 기본급, 단기 및 장기 인센티브, 그리고 복리후생으로 이루어져 있다. 아래에서는 보상의 각 항목별로 좀 더 자세히 살펴본다.

(1) 기본급

기본급은 크게 개인의 성과평가 결과 및 전사적으로 적용되는 기본급 인상률 표에 의해 결정된다. 즉, 업적평가와 역량평가 결과에 의해 도출되는 개인 종합평가 결과에 의해서 개인별로 기본급이 차등 인상된다. 또한 본부장/팀장과의 '협상'에 의해 결정되는 방식이 아닌, 전사적인 목표인상률을 결정하고 평가결과와 현재 기본급 분포를 투입하여 작성된 기본급 인상률 표에 의해서 자동적으로 개인별 기본급 인상률이 결정된다. 기본급 인상률 표는 아래와 같은 요인들을 고려해서 작성된다. 우선, 인건비 예산, 시장의 임금수준, 물가상승률 등을 고려해서 전사적인 목표인상률을 결정한다. 그런 후 개인 성과평가 등급 간 차등 폭을 결정하며, 저성과자에 대해 적용할 기본급 삭감 폭도 적용한다.

(2) 인센티브

인센티브는 개인 및 조직의 성과평가 결과에 따라 개인들에게 매년 1회

〈표 Ⅴ-4〉 기본급 인상률 표의 작성

구분	내용	
목표인상률	인건비예산, 시장임금수준, 물가상승률 등을 고려하여 전사적인 목표인상률을 결정하고 개인 종합평가 결과의 분포와 현재 기본급 분포 현황을 투입한 시뮬레이션을 거쳐 도출함	(가)
등급간 차등 폭	A~B등급 간의 차이보다 S~A등급 간의 차등 폭을 크게 설정하여, 성과가 우수한 S등급 직원에 대한 확실한 기본급 인상을 가능하게 함	(나)
저성과자 기본급	C등급은 기본급 동결, D등급은 마이너스 인상률을 적용하여 기본급 삭감함	(다)

⬇

평가등급	S	A	B	C	D
기본급 인상률	M + 2a%	M + a%	(가) M%	0%	−a%
	(나)	(나)		(다)	(다)

*자료: 네오위즈 내부 자료

**M, a는 매년 달라질 수 있다. (M, a ≥ 0)

씩 동기부여 차원에서 지급하는 금전적 보상을 말한다. 인센티브를 지급하기 위해서 네오위즈는 먼저 '기대 인센티브율'을 결정한다. 기본급에 대비한 인센티브의 비중을 뜻하는 기대 인센티브율은 직무의 특성 및 직무역할의 수준에 따라 차별화되어 적용된다. 먼저, 성과창출에 대한 책임이 큰 Dynamic그룹(기획/마케팅, 서비스기획 직군)의 인센티브율은 Stable그룹(기타 직군)에 비해 높게 설정된다. 또한 직무역할에 따라, 성과창출에 대한 책임이 큰 팀장의 인센티브율을 팀원에 비해 높게 설정한다. 예를 들어, Dynamic그룹의 팀장은 30%, Stable그룹의 팀장은 25%, Dynamic그룹의 팀원은 25%, Stable그룹의 팀원은 20% 등으로 결정될 수 있다. 이러한 '기대' 인센티브율은 아래에서 설명할 '실제' 인센티브 지급 금액을 계산하는 과정에 활용된다.

인센티브 금액은 전사, 조직, 개인의 성과에 따라서 정해진 공식에 의해서 차등 지급된다. 먼저, 사업부 조직(예: 게임퍼블리싱 사업부)은 전사/사업부/개인 성과를 각각 10%/10%/80%씩 반영하고, 기타 조직은 전사/개인 성과를 각각 20%/80%씩 반영한다. 전사 및 사업부 성과는 매출액 기준 Bottom-line을 목표달성 100%로 설정하고 그에 따른 성과 달성률에 따라 평가등급을 도출하는 방식으로 측정하며, 개인 성과는 개인 업적평가 등급을 그대로 사용한다. 성과목표 달성률에 따라 지급되는 인센티브를 미리 예측할 수 있는 구체적인 공식은 아래와 같다.

Dynamic그룹의 팀원의 연봉이 3,000만 원이고 기대 인센티브율이 25%라고 가정하자. 이때 기대 인센티브 금액은 750만 원이 된다. 이때 전사 성과가 B등급, 사업부 성과가 B등급, 개인 성과는 S등급이라고 할 때 인센티브 금액은 아래와 같이 산정된다. 단, 전사/사업부/개인의 성과가 각각 10%/10%/80% 반영된다고 하자.

- 전사성과 몫=750만 원(기대인센티브)×100%×10%=75만 원
- 사업부성과 몫=750만 원×100%×10%=75만 원
- 개인성과 몫=750만 원×200%×80%=1,200만 원
- 인센티브 총합=75+75+1,200=1,350만 원

이상과 같이 이 팀원의 인센티브 금액은 1,350만 원이 된다. 단, 인센티브가 실제로 지급되기 위해서는 전사성과가 Bottom-line(B등급) 이상 달성되어야 하며, 개인성과가 C등급 이상인 직원에게만 인센티브가 지급된다.

〈표 Ⅴ-5〉 인센티브 금액 결정 공식

전사 성과	S	A	B	C	D
인센티브 지급비율	200%	150%	100%	-	-
사업부 성과	S	A	B	C	D
인센티브 지급비율	200%	150%	100%	-	-
개인 성과	S	A	B	C	D
인센티브 지급비율	200%	150%	100%	30%	-

*자료: 네오위즈 내부 자료

**위 표의 구체적인 수치는 예를 위해 임의로 산정된 것이다.

또한 최근에는 핵심인재를 위한 장기 인센티브 제도가 도입되었다. 이는 스톡옵션의 형태로 지급되며 핵심인재를 네오위즈의 성장 파트너로서 참여시키고자 하는 취지로 시행되고 있다. 핵심인재는 고성과자와 고역량자를 포괄하는 것이며, 보다 자세한 내용은 아래에서 논의될 핵심인재 관리 부분에서 다시 언급한다.

(3) 복리후생

네오위즈가 시행 중인 복리후생 제도를 아래의 각 항목별로 간단히 살펴본다. 네오위즈는 인터넷 업계에서 높은 수준의 복리후생을 임직원들에게 제공하는 것으로 알려져 있으며, 이로 인해 임직원들은 높은 업무 만족도와 애사심을 갖고 있다.

① 근무 및 휴가제도

네오위즈는 2002년 7월부터 주 5일 근무제를 도입하여 안정적으로 정착해 오고 있다. 휴가의 경우 모든 직원들이 자유롭게 15일간의 기본휴가를 제공받는다. 기본휴가는 근속 연수가 2년 증가할 때마다 하루가 추가로 부여된다. 또한 심신의 휴가를 위해 리프레시(refresh) 휴가제도 운영되고 있다. 그 외 본인 또는 가족의 기념일에는 반일휴가와 함께 케이크, 꽃다발 등이 제공된다.

네오위즈는 2003년 7월부터 종전에 7일이던 결혼휴가를 3일 추가하여 총 10일을 제공하고 있다. 출산휴가의 경우도, 노동부가 권고한 휴가 일수보다 한 달 많은 120일(4개월)을 부여하고 있다. 아울러 과거 2개월 유급에 더하여 1개월 노동부 지원금이 지급되던 종전의 제도에서 나아가 4개월 유급(노동부 지원금 포함)으로 지원하고 있다. 남성의 경우도 출산휴가의 혜택을 받는다. 아내의 출산을 돕고, 한 생명의 탄생을 여유 있게 축하해주게 하자는 취지로 2003년 7월부터 1주일의 남성 출산휴가를 제공하고 있다.

② 포인트제도

네오위즈는 직원들의 여가생활과 자기 개발을 존중하며, 이러한 니즈를 충족시키고자 복리후생 포인트 제도를 시행하고 있다. 모든 임직원들은 교육, 여행, 공연관람, 스포츠 활동 등 자신의 취향과 필요에 따라 복리후생 포인트를 관리하고 활용할 수 있다. 이러한 복리후생 포인트는 1인당 연평균 140만 원 수준에 달한다.

③ 동호회 지원

네오위즈는 직원들 개인의 취미생활을 장려하고 상호간에 활기차고 즐거운 마음으로 일할 수 있는 환경의 조성을 위해 동호회 활동을 지원하고 있다. 현재 레포츠, 취미, 봉사 등 다양한 활동을 하는 동호회가 운영되고 있다.

④ 야간교통 지원

네오위즈는 업무를 마치고 귀가하는 순간까지 직원들의 편의를 생각한다. 야간에 직원들의 안전한 귀가와 택시 이용의 편의를 강화하기 위해 후불제 콜택시 서비스를 제공하고 있다.

⑤ 기념일 지원

네오위즈는 직원들의 기쁜 날을 축하하고자 생일(본인, 배우자, 부모, 배우자 부모, 자녀)에 상품권을 제공하고 있다. 결혼기념일에는 꽃바구니 또는 상품권을 전달하고 있으며, 결혼, 조의, 칠순, 자녀 출생 시에 경조금을 지급하고 있다.

⑥ 제휴업체 할인 서비스

네오위즈는 직원들이 보다 저렴한 가격으로 다양한 혜택을 누릴 수 있도록 병원, 음식점, 호텔, 휘트니스클럽 등과 약정을 체결하였다. 모든 네오위즈 임직원과 가족들은 제휴업체로부터 할인된 가격으로 해당 서비스를 받을 수 있다.

⑦ 종업원 대출과 신용대출

네오위즈는 직원들의 경제적 안정과 내 집 마련의 꿈을 지원하기 위해 종업원 대출제도와 사내근로복지기금 대출제도를 운영하고 있다.

5) 성장제도

네오위즈는 직원들의 성장을 돕기 위해 각종 교육 프로그램을 운영하고 있으며, 레벨업 제도를 통해 높은 수준의 직무 배치 및 차별화된 교육훈련을 받을 수 있게 하며 보상기회도 확대해 준다. 또한 핵심인재관리를 통해 고성과자나 고역량자를 식별하고 이들을 다른 방식으로 관리한다. 아래에서는 교육훈련, 레벨업 제도, 그리고 핵심인재관리에 대해서 차례로 알아본다.

(1) 교육훈련

네오위즈의 교육훈련 제도는 크게 3가지로 구성된다. 첫째는 핵심가치(core value) 강화 과정으로서 이를 통해 네오위즈의 핵심가치를 직원들과 공유하게 된다. 둘째는 리더십(leadership) 강화 과정으로서 리더십 및 전략 수립 능력 향상을 위한 교육훈련 과정을 말한다. 마지막은 직무 역량 강화 과정으로서 직무별로 필요한 지식 및 기술을 사내외 강좌를 통해 습득하게 해 주는 프로그램이다.

네오위즈에서 교육훈련 제도가 실행되는 프로세스는 다음과 같다. 우선, 네오위즈 임직원들은 개인 역량평가 결과에 따라 강화하거나 향상시켜야 하는 역량, 필요 지식 또는 기술을 확인하게 된다. 그런 후 교육훈련 프레임워크(framework)와 학습 로드맵(learning roadmap)을 참조하여 부족한 역량 향상을 위한 교육훈련 계획을 소속 팀장과의 협의를 통해 역량개발 계획서에 반영하고, 팀장은 이를 실행할 수 있도록 적극 지원하게 된다.

또한 네오위즈는 사내 강사제도 등을 통해 OJT(On-the-Job-Training)를 활발히 실시하고 있다. 특히 교육을 담당하는 사내 강사의 의욕을 고취시키고 책임감을 높이기 위해 사내 강사를 금전적으로 지원하는 제도도 운영하고 있다.

네오위즈 직원들이 외부에서 교육훈련 프로그램을 수강하거나 책을 살 경우 교육비 명목으로 금전적으로 지원해 주기도 한다. 그리하여 직무 등급별로 최저 연 60만 원부터 최대 180만 원에 이르기까지 교육비를 지급해 준다. 이를 통해 네오위즈 임직원들은 자신의 직무를 보다 성공적으로 완수하기 위해 필요한 역량을 개발할 수 있게 된다.

이외에도 네오위즈는 다양한 교육훈련 프로그램을 운영하고 있다. 네오위즈는 임직원들의 해외단기연수를 지원하고 있다. 여기서 해외단기연수란 국내가 아닌 해외에서 개최되는 각종 전람회(쇼)와 컨퍼런스를 총칭하는 것으로서, 내용적으로 전람회(쇼)는 보상의 성격이, 컨퍼런스는 교육의 성격이 더 강하다. 해외단기연수에 대한 지원을 받기 위해서는 해당 연수가 역량개발에 도움을 주는가 / 업무상 필요성이 있는가 / 국내 연수과정 중에서 대체할 만한 과정이 없는가 / 수준 있는 전문가들을 만날 수 있는가 / 기참관자들의 참관평가가 우수했는가 등의 5가지 기준을 모두 충족시켜야만 한다. 현재 네오위즈에서 공식적으로 인정하고 있는 해외단기연수에는 도쿄게임쇼, 타이완게임쇼, 상하이게임쇼, E3, 유럽ECTS, GDS, Starest, Usenix, MS TechEd, Spam Conference 등이 있다. 단, 이 제도의 혜택을 얻기 위해서는 신청자의 역량평가 등급이 B 이상이어야 하며, 입사 후 1년 이상 근무해야 하며, 최근 3년 이내에 선발된 이력이 없어야 한다. 연수 참관자는 참관등록비, 왕복항공료 및 숙박료, 체재비 등을 대폭 지원받는다.

다음으로, 스칼라십(scholarship) 프로그램이라는 것이 있다. 이는 차세대 리더로서 성장가능성이 높은 우수한 인재에게 회사발전에 기여할 만한 고급 교육과정의 기회를 파격적으로 제공하는 성장 보상제도다. 이 제도는

〈표 Ⅴ-6〉에서 설명하듯이 우수인재를 위한 보상과 우수인재의 육성이라는 2가지 취지로 설계되었다.

지원 기간은 최대 2년이며, MBA, 공과대학의 각종 전문가 과정 등 직무와 관련성이 높은 고급 학위 과정이 지원 대상이다. 스칼라십 프로그램은 근속 연수 3년 이상의 임직원들 중 최근 2년간 업적평가 결과가 D이거나 역량평가 결과가 C 이하여서는 안 되며, 직무등급이 G3 이상이고 팀장 이상의 경험을 갖고 있는 사람들이 대상이 된다. 이들 중 조직에 대한 몰입도가 높고, 성장성이 높으며, 학습에 대한 효과성이 높은 사람들을 '인사위원회'에서 심사한 후 결정한다. 단, 이 과정에서 직군 및 사업부별 형평성도 고려된다. 또한 지원자는 직군별로 상위 20위권 내 학교에 입학허가를 받아야 한다.

스칼라십 프로그램에 뽑히게 되면 등록금, 수업료, 기숙사비 등 제반 학업과 관련된 비용과 왕복항공료 등 1년에 5,000만 원씩 최대 1억 원의 경비를 지원받게 된다. 단, 생활비 지원은 2년간 1억 원이라는 한도에 상관없이 실비(주택, 최소생활비)기준으로 기본급의 10~50% 범위 안에서 심사해

〈표 Ⅴ-6〉 스칼라십 프로그램의 목적

목적	내용
우수인재를 위한 보상	우수인재로 하여금 회사가 그들에게 얼마나 많은 관심을 가지고 있는지를 인식할 수 있도록 한다.
	우수인재에게 의미 있는 보상이 되어야 한다.
	우수인재들의 지속적인 성장의욕을 충족시켜 주어야 한다.
우수인재의 육성	차세대 리더를 조기 발굴하여 필요한 자질을 사전에 충족시키도록 한다.
	성장하고 있는 다른 직원들을 위한 리더의 모델링이 되도록 한다.
	글로벌 문화를 깊이 이해하고 지역적·문화적 다양성을 수용할 수 있는 글로벌 리더를 육성하도록 한다.
	(해외) 유수기관 및 사람과의 네트워크 구축을 통한 채널을 마련하도록 한다.

자료: 네오위즈 내부 자료

서 결정하게 된다. 가족동반 시 가족에 대한 지원은 추가로 없는 것으로 한다. 또한 연수 후에는 연수기간의 2배를 의무적으로 근무해야 하며, 그 기간 전에 퇴직하는 경우에는 지원 금액 중 일정 부분을 상환하여야 한다.

네오위즈는 사내 어학 아카데미도 운영하고 있다. 직원들 전원에 대한 설문 결과 30% 이상의 직원들이 사내 어학 프로그램을 원했고, 이에 따라 네오위즈는 일본어와 영어에 대해서 어학 강의를 제공한다. 프로그램에 따라 회사가 50%에서 100%까지 지원해 주며 시간과 레벨도 직원들이 자유롭게 선택할 수 있다.

(2) 레벨업(level-up)

레벨업은 해당 등급(grade)에 요구되는 역할 및 역량 수준에 맞는 인재를 선발하는 제도다. 레벨업이 된 직원은 더 높은 수준의 직무 배치 및 차별화된 교육·훈련을 받을 수 있으며, 보상 기회도 함께 확대된다. 먼저, 레벨업의 후보자는 공통역량 A 이상, 역량평가 A 이상 직원을 대상으로 하며, 실장 또는 팀장의 추천에 의해 결정된다. 매년 1월 레벨업 위원회가 개최되어 후보자를 심사하게 된다. G1에서 G2로의 레벨업은 실장 및 팀장이 참여하는 본부/실별 위원회에서 결정되며, G3 또는 G4로의 레벨업 위원회는 CEO 및 실장이 참석하여 전사적으로 실시된다. 추천자가 레벨업 후보자와 관련한 자료를 준비하여 위원회에서 함께 검토한 후 토론을 통해 레벨업 대상자가 결정된다. 이때 G3에서 G4로의 레벨업의 경우에 한해서는 인터뷰를 실시하며, 단기적으로 모든 레벨업의 최종 결정권은 CEO에게 있다.

(3) 핵심인재관리

네오위즈는 핵심인재의 관리에도 많은 관심을 기울이고 있다. 기본적으로 우수인재에게는 기본적인 보상제도를 초월하는 추가적인 보상과 파격적인 교육·훈련 기회 등이 제공된다. 반면, 반기 업적평가가 D인 저성과자에게는 경고가 주어지고, 연말 개인 종합평가에서 다시 D를 받을 경우 별도의 프로세스에 의해서 관리된다.

구체적으로, 핵심 인재는 각 직무레벨별 고성과/고역량자를 중심으로 선발되며, 해당연도의 전사성과와 재원의 크기, 개인별 성과 및 역량을 고려하여 선정된다. 대략 직원의 10%에 해당되는 인원을 핵심인재로 선정하나, 구체적인 비율은 매년 상황에 따라 달라진다. 전사 성과에 주목할 만한 기여를 한 사람, 사업부 성과에 주목할 만한 기여를 한 사람, 해당 직군의 성장에 주목할 만한 기여를 한 사람, 열정적으로 성과를 낸 사람이면 누구나 핵심인재가 될 수 있다. 각 핵심인재의 성과 기록은 네오위즈 성과 데이터베이스에 포함되어 축적된다.

네오위즈는 핵심인재들을 동기부여시키고 조직과 함께 성장하기 위해 장기 인센티브 제도를 도입했다. 장기 인센티브 제도는 핵심인재에게 스톡옵션(stock option)을 지급하는 것을 말한다. 스톡옵션은 최근 3개년 순이익의 평균의 일정 부분(예: 10%)을 재원으로 하여 발행되며, 핵심인재를 네오위즈의 장기적인 성장 파트너가 되게 해 준다. 그 외에 핵심인재들에게는 각종 교육 프로그램을 운영함에 있어 특별한 혜택이 주어진다. 예를 들어, 핵심인재들은 각종 박람회와 컨퍼런스에 3년에 1회가 아니라 연 1회 참관이 가능하다.

제 VI 장

네오위즈의 인사관리와 미래

네오위즈는 급변하는 인터넷 산업에 대응하기 위해서 끊임없는 노력을 기울여 왔다. 인터넷 콘텐츠 생산자에서 인터넷 접속 프로그램 개발자로, 온라인커뮤니티 서비스 제공자로, 그리고 온라인게임 개발 및 퍼블리셔로서 네오위즈는 성공적으로 변신을 거듭해 왔다. 현재 네오위즈는 국내외 11개 자회사를 거느린 지주회사로 성장했으며, 핵심계열사인 네오위즈게임즈의 경우 2008년 7월 현재 시가총액이 2,000억 원을 넘어섰다. 네오위즈게임즈의 자산규모 역시 2,000억 원에 달하며, 매출액은 1,200억 원, 영업이익 270억 원, 당기순이익 158억 원에 달한다. 2007년 말 기준 금융감독원에 보고된 네오위즈게임즈의 연결재무제표에 근거한 수치다. 보다 자세한 재무현황은 부록 2에 제시되어 있다.

네오위즈가 이렇게 성공적으로 사업을 영위해 온 데에는 여러 가지 요인이 있을 것이다. 정교한 사업 및 마케팅 전략, 시장 변화에 대한 기민한 대응, 차별화되고 품질 높은 서비스, 성공적인 M&A 및 전략적 제휴 등이 그러한 성공요인들의 예시가 될지도 모른다.

하지만 보다 근본적으로 생각해 보면 이러한 여러 요인들이 제대로 실행되어 사업의 성공을 낳기 위해서는 헌신적이고 창의적인 '사람'들의 역할이 가장 중요하다. 앞에서도 언급하였듯이, 인터넷 접속 프로그램 원클릭은 출시하자마자 엄청난 시장 경쟁에 직면하여 출시 2년 이후부터는 시장점유율과 성장이 하락세를 걷기 시작했다. 온라인커뮤니티 세이클럽도 출시 이후 싸이월드, 다음카페, 네이버카페 등 다양한 서비스와 경쟁했으며, 지속적으로 혁신적인 서비스를 제시하지 않으면 경쟁에서 도태될 수밖에 없었다. 온라인게임도 마찬가지여서, 게이머들의 눈높이는 높아지고 취향은 날이 갈수록 다양해져서 끊임없이 새로운 게임을 출시하지 않으면 역시 생존이 위협받게 되었다.

이러한 인터넷 산업 하에서 사전적으로 정교하게 작성된 전략이 실제 최적의 행동을 가이드할 수는 없다. 오히려 시장의 반응을 세밀히 살피면서 그에 적합하게 대응해 나가는 적응력이 보다 중요한 요인이 되었다. 즉, '전략'보다 '실행'이 더욱 핵심적인 성공요인이며 실행이 성공적이기 위해서는 몰입도 높고 창의적인 '사람'의 역할이 가장 중요하다.

또한 온라인서비스 기업의 가장 큰 자산은 '사람'이다. 서비스를 제공하기 위한 서버, 데이터베이스 등 일부 물적 자산을 제외한 대부분의 자산이 바로 사람인 것이다. 따라서 조직 내 구성원들이 어떻게 사고하고 행동하냐에 따라 서비스의 품질이 달라지고, 그에 따라 기업의 성과도 크게 영향을 받는 것이다.

이러한 조직 구성원들의 태도와 행동은 기업의 인적자원관리 시스템에 의해 크게 영향을 받는다. 네오위즈 역시 이러한 사실을 명확히 이해하고 있으며, 선진화된 인사시스템을 구축하기 위해 노력해 왔다. 네오위즈는 인적자원의 전략적 가치에 대한 인식 위에서 유기적이고 일관성 있는 인사제도들을 도입해 왔으며, 아울러 이들 인사제도들이 전사적으로 추구하고 있는 전략의 방향성과도 일치하도록 노력해 왔다. 인사시스템을 운영하는 주체인 인사부서는 행정적이고 수동적인 역할을 넘어서 적극적으로 조직 구성원들의 니즈를 파악하고 이를 해결하기 위해 노력하고 있다. 또한 인사부서는 현업의 라인 관리자들과도 원활하게 협업함으로써 채용, 평가, 보상 등의 인사제도들이 성공적으로 운영되기 위해 조직에 깊숙이 관여하고 있었다. 즉 네오위즈의 인사부서는 전략적 동반자가 되어 기업 가치 창출에 적극 기여하기 위해 노력해 온 것이다. 이러한 건전한 인사시스템의 기반이 있었기에 네오위즈의 구성원들이 혁신적인 서비스를 기획하고 안정적으로 서비스할 수 있었을 것이다.

네오위즈의 미래를 긍정할 수 있는 근거도 여기에 있다. 온라인서비스 산업은 갈수록 진화하여 서비스의 품질, 즉 혁신성과 안정성 등이 사업의 성공을 위해 더욱 절실해질 것이다. 2000년 아바타가 네오위즈에 의해 처음으로 도입된 이후, 국내는 물론 해외에서도 아바타 서비스가 확산되었다. 처음에는 2D 형태였으나 점차 3D에 각종 애니메이션이 들어간 형태로 진화하기 시작했다. 온라인게시판의 기능도 갈수록 추가되고 다양화되었으며, 미니홈피 서비스도 갈수록 개선되어 더 큰 용량의 사진을 더 많이, 그리고 보다 다양한 효과를 가미해서 게시할 수 있게 되었다. 온라인게임의 품질도 날이 갈수록 높아지고 있다. 1995년 넥슨에 의해 세계 최초로 인터넷 그래픽 게임인 '바람의 나라'가 서비스된 이후 온라인게임은 그래픽, 사운드, 스토리, 이펙트(effect) 등 거의 모든 영역에서 엄청난 진보가 이루어졌다. 요즘 출시되는 온라인게임들은 영화를 방불케 하는 실감나는 영상과 탄탄한 스토리라인을 통해 게이머들에게 즐거움을 선사하고 있다.

이러한 추세가 앞으로도 지속된다는 점을 받아들일 때, 조직 구성원의 창의와 몰입, 그리고 이것을 촉진하는 인사시스템의 중요성은 점점 더 커질 것이다. 아직 부족한 점이 많이 있지만, 네오위즈의 인사시스템은 구성원들에게 열심히 일하고 양질의 서비스를 개발하기 위한 동기를 부여해 주고 있으며, 구성원들이 전사적인 의사결정에 참여할 기회를 제공하고 있으며, 성과를 내기 위해 필요한 적절한 교육훈련도 제공하고 있다.

또한 인사시스템 외에 네오위즈의 업무 프로세스도 구성원들의 창의적 사고를 촉진하여 조직의 성과를 높이는 데 기여하고 있다. 네오위즈는 창의적 특성이 강한 사람을 채용해서 내재적 동기부여(intrinsic motivation)

를 강화하며, 창의성을 높일 수 있는 업무 환경을 조성해 준다. 이를 통해 구성원들의 창의적 아이디어가 생성이 되면, 이것을 이메일이나 온라인게시판 등을 통해 전사적으로 공유하고 토론함으로써 아이디어가 보다 정교하게 다듬어진다. 이러한 아이디어를 구체적으로 사업화하기 위해 구성원들에게 권한을 위임해 주고 조직 내 자원을 유연하게 배분하고 있다. 또한 새로운 서비스를 시장에 정식으로 출시하기 전에 미리 테스트를 거치며, 점진적으로 서비스를 런칭하며, 서비스에 따른 고객들의 반응을 과학적으로 모니터링한다. 그리고 그 모니터링 결과를 다시 공유하고 토론하며 보다 나은 서비스를 만들기 위해 반영하게 된다.

이렇게 혁신적 서비스를 기획하고, 개발해서, 런칭하며, 사후 모니터링을 하고, 그 결과를 다시 서비스에 반영하는 일련의 업무 프로세스가 네오위즈가 자랑하는 최고 품질의 서비스를 낳았다고 봐도 과언이 아니다(Lee et al., 2007). 이러한 "창의-혁신 사이클(creativity-innovation cycle)" 곳곳에 관련 인사제도들이 기능하면서 이것이 보다 강력하게 작동하도록 촉진하고 있다. 이러한 인사시스템과 유관 업무 프로세스 간의 유기적 결합이 앞으로 보다 원활하게 이루어진다면 네오위즈는 최고의 서비스로 인터넷 이용자들에게 큰 사랑을 받으며 더욱 경쟁력을 강화하게 될 것이다.

참고문헌

김재윤·노재범. 1999.「산업지도를 바꾸는 인터넷 비즈니스」, *CEO Information* (193호), 삼성경제연구소.

이종오. 2000.『게임산업의 새로운 주역 온라인게임』. LG경제연구원.

허지원. 2007.『디지털콘텐츠산업 발전을 위한 포털의 과제』. 산은경제연구소.

한국인터넷진흥원(편). 2007.『2007 한국인터넷백서』. 한국인터넷진흥원.

______. 2008.『2008 한국인터넷백서』. 한국인터넷진흥원.

한국전자통신연구원(편). 2000.『국내 정보통신산업 실태분석』. 한국전자통신연구원.

Appelbaum, E., Bailey, T., Berg, P., & Kalleberg, A. L. 2000. *Manufacturing Advantage: Why High-Performance Work Systems Pay Off*, Ithaca, NY: Cornell University Press.

Lee, Kyungmook, Rho, Sangkyu, Kim, Seongsu, & Jun, Gyung Ju. 2007. "Creativity-Innovation cycle for organisational exploration and exploitation: Lessons from Neowiz — a Korean internet company." *Long Range Planning*, 40: 505-523.

부록

1. 국내 주요 온라인게임 인기 순위(2008년 6월 1일~6월 30일)

순위	게임명	장르	사용시간 점유율(%)	일평균 (시간)	PC방당 (분)	평균체류 (분)	개발사	유통사
1	서든어택	FPS	12.73	672,945	1,946	61	게임하이	CJ인터넷
2	스타크래프트	RTS	8.35	441,359	1,270	56	블리자드	블리자드
3	리니지 2	RPG	7.45	393,963	1,365	124	엔씨소프트	엔씨소프트
4	월드 오브 워크래프트	RPG	7.21	381,033	1,297	116	블리자드	손오공
5	워크래프트 3	RTS	6.17	326,041	1,095	74	블리자드	블리자드
6	스페셜포스	FPS	5.71	301,779	992	76	드래곤플라이	네오위즈게임즈
7	리니지	RPG	5.07	267,920	902	85	엔씨소프트	엔씨소프트
8	던전앤파이터	RPG	3.60	190,201	658	64	네오플	삼성전자
9	피파온라인2	스포츠	3.30	174,485	568	47	EA/네오위즈게임즈	네오위즈게임즈
10	십이지천2	RPG	2.80	147,834	721	135	기가스소프트	KTH
11	오디션	아케이드	2.72	143,588	512	55	T3엔터테인먼트	예당온라인
12	메이플스토리	RPG	1.93	102,278	412	54	넥슨	넥슨
13	카트라이더	레이싱	1.58	83,575	295	50	넥슨	넥슨
14	한게임 신맞고	고스톱	1.27	67,373	253	19	NHN	NHN
15	한게임 로우바둑이	포커	1.23	64,817	314	27	NHN	NHN
16	아바	FPS	1.20	63,373	358	75	레드덕	네오위즈게임즈

17	프리스타일	스포츠	1.08	56,904	294	53	제이씨엔터테인먼트	제이씨엔터테인먼트
18	뮤	RPG	1.01	53,577	373	57	웹젠	웹젠
19	로한	RPG	0.80	42,063	449	107	와이앤케이게임즈	와이앤케이코리아
20	SP1	RPG	0.74	39,021	391	116	실버포션	넥슨
21	아틀란티카	RPG	0.70	36,887	442	168	엔도어즈	엔도어즈
22	한게임 하이로우	포커	0.66	34,983	198	20	NHN	NHN
23	프리스톤테일2	RPG	0.66	34,839	453	124	예당온라인	예당온라인
24	한게임 세븐포커	포커	0.64	33,779	167	23	NHN	NHN
25	데카론	RPG	0.63	33,433	350	108	게임하이	게임하이
26	마구마구	스포츠	0.62	33,020	211	56	애니파크	CJ인터넷
27	슬러거	스포츠	0.57	30,384	212	52	와이즈캣	네오위즈게임즈
28	카발 온라인	RPG	0.54	28,724	320	120	이스트소프트	이스트소프트
29	피망 뉴맞고	고스톱	0.53	27,771	149	36	네오위즈게임즈	네오위즈게임즈
30	창천	RPG	0.51	26,802	362	119	위메이드엔터테인먼트	위메이드엔터테인먼트
31	알투비트	아케이드	0.49	26,052	126	29	씨드나인엔터테인먼트	네오위즈게임즈
32	워록	FPS	0.46	24,339	170	63	드림익스큐션	넥슨
33	넷마블 맞고2.0	고스톱	0.41	21,448	112	34	CJ인터넷	CJ인터넷
34	R2	RPG	0.40	21,304	398	110	NHN게임즈	NHN
35	카운터스트라이크온라인	FPS	0.40	21,208	160	63	넥슨	넥슨
36	RF 온라인	RPG	0.39	20,742	392	95	CCR	CCR

37	완미세계	RPG	0.38	20,083	339	143	완미시공	CJ인터넷
38	크레이지 아케이드 (BNB)	아케이드	0.38	20,075	126	45	넥슨	넥슨
39	한게임 사천성	보드	0.37	19,740	138	52	NHN	NHN
40	라그나로크	RPG	0.35	18,387	325	84	그라비티	그라비티
41	한게임 바둑	보드	0.31	16,440	134	61	NHN	NHN
42	SD건담 캡슐 파이터	아케이드	0.31	16,381	172	64	소프트맥스	CJ인터넷
43	헬게이트 런던	RPG	0.30	15,958	213	86	플래그십 스튜디오	한빛소프트
44	넷마블 바둑	보드	0.29	15,494	148	78	CJ인터넷	CJ인터넷
45	워로드	RPG	0.28	14,738	272	76	띵소프트	네오위즈 게임즈
46	넷마블 뉴포커	포커	0.27	14,042	105	27	CJ인터넷	CJ인터넷
47	레이시티	레이싱	0.26	13,604	138	50	제이투엠소프트	네오위즈 게임즈
48	마비노기	RPG	0.25	13,430	186	72	넥슨	넥슨
49	영웅 온라인	RPG	0.24	12,713	308	82	엠게임	엠게임
50	풍림화산	RPG	0.24	12,651	327	106	엠게임	엠게임
51	아크로드	RPG	0.24	12,515	341	106	NHN	NHN
52	건즈 온라인	FPS	0.22	11,860	108	27	마이에트엔터테인먼트	CJ인터넷
53	한게임 섯다	포커	0.22	11,715	105	18	NHN	NHN
54	열혈강호	RPG	0.22	11,370	267	73	KRG Soft	엠게임
55	팡야	스포츠	0.19	9,810	167	77	엔트리브 소프트	한빛소프트
56	피망 맞고	고스톱	0.18	9,782	98	43	네오위즈게임즈	네오위즈 게임즈

57	미르의 전설 2	RPG	0.18	9,477	321	78	위메이드 엔터테인먼트	위메이드 엔터테인먼트
58	타이젬	보드	0.17	8,919	185	91	타이젬	타이젬
59	엠게임 신바둑	보드	0.16	8,717	134	71	엠게임	엠게임
60	한게임 맞고	고스톱	0.16	8,439	105	33	NHN	NHN
61	바람의 나라	RPG	0.16	8,367	127	45	넥슨	넥슨
62	엠게임 쌩뚱맞고	고스톱	0.15	8,060	107	44	엠게임	엠게임
63	반지의 제왕 온라인	RPG	0.15	7,993	309	106	터바인	NHN
64	크로스파이어	FPS	0.15	7,821	141	62	스마일게이트	네오위즈게임즈
65	테일즈런너	레이싱	0.15	7,817	105	36	라온엔터테인먼트	나우콤
66	한게임 파티훌라	포커	0.14	7,422	74	14	NHN	NHN
67	블랙샷	FPS	0.14	7,299	137	68	버티고우게임즈	엔트리브소프트
68	썬 온라인	RPG	0.13	7,091	260	131	웹젠	웹젠
69	스키드러쉬	레이싱	0.13	7,070	148	68	NHN	NHN
70	오로바둑	보드	0.13	6,977	251	91	세계사이버기원	세계사이버기원
71	한게임 신윷놀이	보드	0.13	6,910	82	30	NHN	NHN
72	넷마블 섯다	고스톱	0.13	6,830	62	27	CJ인터넷	CJ인터넷
73	울프팀	FPS	0.13	6,728	119	60	소프트닉스	NHN
74	넷마블 사천성	보드	0.13	6,614	71	36	CJ인터넷	CJ인터넷
75	한게임 장기	보드	0.12	6,250	88	43	NHN	NHN

76	피망 뉴 포커	포커	0.12	6,237	85	35	네오위즈게임즈	네오위즈 게임즈
77	나이트 온라인	RPG	0.12	6,227	262	92	엠게임	엠게임
78	칼 온라인	RPG	0.11	5,898	443	147	아이닉스소프트	CJ인터넷
79	이스 온라인	RPG	0.11	5,748	386	111	CJIG/ 니혼팔콤	CJ인터넷
80	샷 온라인	스포츠	0.11	5,741	278	121	온네트	온네트
81	그라나도 에스파다	RPG	0.11	5,706	230	114	IMC게임즈	한빛소프트
82	실크로드	RPG	0.11	5,604	274	132	조이맥스	조이맥스
83	한게임 더블맞고	고스톱	0.10	5,550	82	17	NHN	NHN
84	듀얼게이트	RTS	0.10	5,419	262	75	펜타비전	네오위즈 게임즈
85	다크에덴	RPG	0.10	5,410	182	67	소프톤엔터테인먼트	소프톤엔터테인먼트
86	피망 와일드훌라	포커	0.10	5,340	90	41	네오위즈게임즈	네오위즈게임즈
87	피망 바둑	보드	0.10	5,298	98	48	네오위즈게임즈	네오위즈 게임즈
88	피망 사천성	보드	0.10	5,251	74	35	네오위즈게임즈	네오위즈 게임즈
89	거상	RPG	0.10	5,196	138	59	조이온	조이온
90	한게임 당구 매니아	스포츠	0.10	5,130	79	30	NHN	NHN
91	퍼펙트 케이오	아케이드	0.10	5,095	128	61	띵소프트	네오위즈 게임즈
92	피망 포커	포커	0.10	5,086	97	40	네오위즈게임즈	네오위즈 게임즈
93	프리스톤테일	RPG	0.09	4,926	257	44	예당온라인	예당온라인
94	트롯맞고	고스톱	0.09	4,908	70	32	네오위즈게임즈	네오위즈 게임즈

95	겟앰프드	아케이드	0.09	4,880	77	29	윈디소프트	윈디소프트
96	헉슬리	FPS	0.09	4,846	250	81	웹젠	웹젠
97	엘소드	아케이드	0.09	4,825	134	65	KOG스튜디오	넥슨
98	피파 온라인	스포츠	0.09	4,596	99	35	EA/네오위즈	네오위즈 게임즈
99	그랜드체이스	아케이드	0.09	4,585	105	51	CJ인터넷	CJ인터넷
100	넷마블 훌라	포커	0.09	4,568	79	29	CJ인터넷	CJ인터넷
101	넷마블 대박 맞고 플러스	고스톱	0.09	4,536	72	33	CJ인터넷	CJ인터넷
102	군주	RPG	0.09	4,521	285	85	엔도어즈	엔도어즈
103	케로로파이터	아케이드	0.08	4,470	70	26	구름인터렉티브	구름인터렉티브
104	대항해시대 온라인	RPG	0.08	4,444	353	117	코에이	CJ인터넷
105	십이지천	RPG	0.08	4,412	223	88	기가스소프트	KTH
106	피망 로우바둑이	포커	0.08	4,379	108	35	네오위즈게임즈	네오위즈게임즈
107	넷마블 세븐포커2	포커	0.08	4,351	91	38	CJ인터넷	CJ인터넷
108	천상비	RPG	0.08	4,188	424	138	하이윈	삼성전자
109	넷마블 틀린그림찾기	아케이드	0.08	4,170	55	31	CJ인터넷	CJ인터넷
110	넷마블 당구포켓볼	스포츠	0.08	4,115	69	37	CJ인터넷	CJ인터넷
111	엠게임 쌩뚱포커	포커	0.08	4,112	100	47	엠게임	엠게임
112	한게임 라스베가스 포커	포커	0.08	3,968	75	22	NHN	NHN

113	구룡쟁패	RPG	0.07	3,948	235	114	인디21	넥슨
114	엠게임 맞고	고스톱	0.07	3,906	108	62	엠게임	엠게임
115	넷마블 바둑이 플러스	포커	0.07	3,893	75	29	CJ인터넷	CJ인터넷
116	테일즈위버	RPG	0.07	3,828	117	57	소프트맥스	넥슨
117	미르의전설 3	RPG	0.07	3,714	289	78	위메이드 엔터테인먼트	위메이드 엔터테인먼트
118	2WAR	FPS	0.07	3,682	137	73	시온소프트	프리챌
119	포인트블랭크	FPS	0.07	3,609	123	62	제페토	엔씨소프트
120	귀혼	RPG	0.07	3,488	119	53	앤앤지	엠게임
121	컴뱃암즈	FPS	0.07	3,451	98	57	넥슨	넥슨
122	레퀴엠	RPG	0.06	3,203	266	119	그라비티	그라비티
123	샤이야	RPG	0.06	3,128	293	93	소노브이	소노브이
124	피망 하이로우	포커	0.06	3,104	105	38	네오위즈게임즈	네오위즈 게임즈
125	넷마블 하이로우	포커	0.06	3,071	95	39	CJ인터넷	CJ인터넷
126	넷마블 장기	보드	0.06	3,053	81	51	CJ인터넷	CJ인터넷
127	루나 온라인	RPG	0.06	2,959	209	97	이야인터렉티브	이야인터렉티브
128	느와르 온라인	RPG	0.05	2,856	250	100	디지탈릭	디지탈릭
129	S4리그	아케이드	0.05	2,834	110	62	펜타비전	네오위즈 게임즈
130	피망 고스톱	고스톱	0.05	2,743	86	47	네오위즈게임즈	네오위즈 게임즈
131	피망 치코치코	보드	0.05	2,671	68	32	네오위즈게임즈	네오위즈 게임즈
132	샴페인매니아	RPG	0.05	2,644	285	81	위버인터랙티브	아이템 매니아

133	피망 루미큐브	보드	0.05	2,642	91	47	네오위즈게임즈	네오위즈게임즈
134	강호동 신맞고	고스톱	0.05	2,554	91	34	엠파스	엠파스
135	넷마블 스톤에이지	RPG	0.04	2,363	136	56	디지파크	CJ인터넷
136	씰 온라인	RPG	0.04	2,353	169	69	와이앤케이파트너스	와이앤케이코리아
137	넷마블 로얄세븐포커	포커	0.04	2,335	73	38	CJ인터넷	CJ인터넷
138	넷마블 고스톱	고스톱	0.04	2,280	80	42	CJ인터넷	CJ인터넷
139	미니파이터	아케이드	0.04	2,244	88	38	마블퀘스트	CJ인터넷
140	고고씽	레이싱	0.04	2,182	99	52	게임하이	NHN
141	라펠즈	RPG	0.04	2,097	262	120	엔플레버	엔플레버
142	위드	RPG	0.04	2,045	235	91	조이임팩트	한빛소프트
143	한게임 세임팡팡	보드	0.04	2,022	60	37	NHN	NHN
144	루니아 전기	RPG	0.04	1,996	164	81	올엠	넥슨
145	우리가 간다	아케이드	0.04	1,929	133	65	CJ인터넷	CJ인터넷
146	용천기	RPG	0.04	1,900	262	127	소노브이	소노브이
147	피싱온	스포츠	0.04	1,868	157	71	베토인터렉티브	KTH
148	오즈크로니클	RPG	0.03	1,850	171	76	애니파크	CJ인터넷
149	권호	아케이드	0.03	1,837	92	43	버티고우게임즈	NHN
150	아스가르드	RPG	0.03	1,770	153	80	넥슨	넥슨

2. 네오위즈게임즈의 재무적 성과

A. 2007년 연결대차대조표 (단위: 원)

과목	2007	
자 산		
Ⅰ. 유동자산		126,482,450,074
(1) 당좌자산		126,466,356,422
1. 현금 및 현금성 자산	60,804,676,809	
2. 매출채권	45,600,171,960	
대손충당금	−14,612,855,978	
3. 미수금	305,593,144	
4. 미수수익	300,719,048	
대손충당금	−42,608	
5. 단기대여금	127,811,847	
6. 단기매도가능증권	10,396,217,755	
7. 만기보유증권	10,023,245,563	
8. 선급금	457,131,621	
9. 선급비용	7,551,163,791	
10. 통화선도자산	48,792,038	
11. 단기이연법인세자산	5,463,731,432	
(2) 재고자산		16,093,652
1. 재공품	5,555,544	
2. 저장품	10,538,108	
Ⅱ. 비유동자산		68,497,367,106
(1) 투자자산		5,927,236,486
1. 지분법적용투자주식	5,493,559,721	
2. 장기매도가능증권	433,676,765	
(2) 유형자산		3,944,902,431
1. 기계장치	25,137,733,192	
감가상각누계액	−23,010,558,191	
2. 차량운반구	67,390,250	
감가상각누계액	−67,387,250	

3. 비품	3,437,252,896	
감가상각누계액	−2,552,162,938	
4. 임차시설물	2,467,167,774	
감가상각누계액	−1,534,533,302	
(3) 무형자산		50,441,824,391
1. 개발비	6,947,810,364	
2. 영업권	31,668,461,557	
3. 기타의 무형자산	11,825,552,470	
(4) 기타비유동자산		8,183,403,798
1. 보증금	4,485,815,613	
2. 장기선급금	50,000,000	
3. 장기선급비용	1,741,177,597	
4. 장기이연법인세자산	1,906,410,588	
자산총계		194,979,817,180
부채		
Ⅰ. 유동부채		71,874,014,505
1. 단기차입금	29,666,608,000	
2. 매입채무	12,987,571,160	
3. 미지급금	4,516,173,672	
4. 미지급비용	8,711,215,620	
5. 선수금	8,804,111,674	
6. 예수금	1,400,782,805	
7. 예수부가세	1,230,955,305	
8. 미지급법인세	4,556,596,269	
Ⅱ. 비유동부채		1,346,369,841
1. 퇴직급여충당부채	2,326,523,420	
퇴직보험예치금	−1,031,222,579	
2. 장기미지급금	51,069,000	
부채총계		73,220,384,346
자본		
Ⅰ. 지배회사지분		82,399,716,218

(1) 자본금		4,698,136,500
1. 보통주자본금	4,499,053,500	
2. 우선주자본금	199,083,000	
(2) 연결자본잉여금		61,161,723,800
1. 주식발행초과금	60,990,275,545	
2. 기타자본잉여금	171,448,255	
(3) 연결자본조정		426,082,800
1. 주식선택권	703,491,893	
2. 자기주식처분손실	−277,409,093	
(4) 연결기타포괄손익누계액		305,043,396
1. 매도가능증권평가이익	287,257,872	
2. 지분법자본변동	17,785,524	
(5) 연결이익잉여금		15,808,729,722
1. 미처분이익잉여금	15,808,729,722	
Ⅱ. 소수주주지분		39,359,716,616
자본총계		121,759,432,834
부채와 자본총계		194,979,817,180

자료: 금융감독원

B. 2007년 연결손익계산서(2007년 4월 26일부터 2007년 12월 31일까지) (단위: 원)

과목	2007	
Ⅰ. 매출액		120,179,225,711
Ⅱ. 매출원가		55,375,847,447
Ⅲ. 매출총이익		64,803,378,264
Ⅳ. 판매비와 관리비		37,763,961,681
1. 급여	10,502,799,146	
2. 퇴직급여	376,105,368	
3. 복리후생비	1,333,187,023	
4. 여비교통비	656,048,812	
5. 접대비	524,634,209	
6. 통신비	435,807,690	
7. 세금과공과	262,765,141	
8. 감가상각비	264,813,712	
9. 지급임차료	2,594,963,669	
10. 보험료	24,173,780	
11. 차량유지비	1,835,198	
12. 교육훈련비	77,797,233	
13. 도서인쇄비	52,682,401	
14. 사무용품비	52,144,561	
15. 소모품비	497,794,719	
16. 지급수수료	7,687,902,278	
17. 외주비	192,615,367	
18. 광고선전비	10,337,502,620	
19. 대손상각비	686,200,940	
20. 무형자산상각비	380,028,551	
21. 주식보상비	509,473,546	
22. 기타판매비와 관리비	312,685,717	
Ⅴ. 영업이익		27,039,416,583
Ⅵ. 영업외수익		2,431,562,995
1. 이자수익	931,571,351	

2. 수입임대료	224,562,392	
3. 수수료수입	174,613,683	
4. 외환차익	399,209,958	
5. 외화환산이익	29,553,110	
6. 대손충당금환입	162,302,560	
7. 통화선도평가이익	48,792,038	
8. 유형자산처분이익	20,785,036	
9. 기타영업외수익	393,542,754	
10. 잡이익	46,630,113	
Ⅶ. 영업외비용		1,780,903,575
1. 이자비용	150,682,912	
2. 외환차손	30,162,166	
3. 외화환산손실	203,135,377	
4. 기부금	102,055,088	
5. 지분법손실	149,225,803	
6. 유형자산처분손실	533,852,670	
7. 무형자산감액손실	357,619,511	
8. 기타영업외비용	254,136,456	
9. 잡손실	33,592	
Ⅷ. 법인세비용차감전순이익		27,690,076,003
Ⅸ. 법인세비용		8,675,087,394
Ⅹ. 종속회사의 매수일전 순이익		−3,206,258,887
Ⅺ. 당기순이익		15,808,729,722
1. 지배회사지분순이익		15,808,729,722
2. 소수주주지분순이익		−
Ⅻ. 주당이익		
기본주당기순이익		1,692
희석주당기순이익		1,692

자료: 금융감독원

찾아보기

ㅇ

ㅎ

Abstract

Streategic HRM at Neowiz

Seongsu Kim

The online service industry has evolved tremendously over the last 15 years and the service quality, innovation and stability will be desperately needed for a sustained success in the future. Neowiz has pursued continuous changes to survive in the rapidly changing internet industry. It has successfully been transforming from the internet contents provider to the internet access program developer, to the online community service provider and the online game developer and publisher. Currently Neowiz has grown to be a holding company with 11 subsidiaries in- and outside Korea. The market capitalization of Neowiz Games, one of the core subsidiaries, exceeds $800 Millions (as of April 2010).

Since the avata was first introduced in 2000 by Neowiz, the avata service has expanded domestically as well as abroad. At first, it was in 2 dimensional form but it has evolved to the 3 dimentional form with various animation effects added. The function of the online bulletin board hs been added and become various, and the mini homepage service is getting increasingly improved, which enables posting of larger-sized photos with a lot more effects added. The quality of online games is also becoming better. Given this trend will continue in future, too, creativity and commitment of employees are of critical importance, and the importance of the HRM system that promotes such is becoming even more important. Though it might not be perfect yet, the HRM system of Neowiz is motivating its people to work even smarter and to strive to develop quality services. Not only the HRM system, but also the work process of Neowiz is also making a good contribution by promoting creative thinking of its people. Neowiz recruits unique people and fosters an environment that enhances the intrinsic motivation and cultivates creativity. Hence, when its people come up with creative ideas, it shares them in the entire company, discuss them and elaborate them even further through e-mails or online bulletin boards. To commercialize such ideas, it delegates authorities to its members and is flexible in allocating resources in the company. Moreover, prior to a formal launching of services in the market, they are tested in advance, launched gradually and monitored on the response of consumers. The monitoring result is, then, shared again, discussed about and reflected in developing better services.

It wouldn't be an overexaggeration that the best quality services of Neowiz are the results of the work processes at Neowiz. This book provides a careful description of the company's HRM system and the challenges ahead.

:: 발간사

서울대학교 경영연구소의 '한국기업경영사 연구사업'은 한국기업경영에 대한 역사적 연구를 통하여 우리나라 기업경영의 역사와 변천과정, 그리고 이의 성과를 평가하고 미래발전에 대한 시사점을 제시하는 것을 기본 목적으로 시행되었으며, 그 연구의 결과로 본 총서 시리즈를 발간하게 되었습니다.

한국기업의 성장 발전은 과거 30~40년 사이에 매우 빠르게 이루어져 한국경제 성장을 견인하여 왔으나, 한국기업의 발전과정에 대한 체계적인 연구는 이루어지지 않은 것이 오늘의 현실입니다. 역사를 모르고선 우리나라 기업경영의 미래와 발전을 바랄 수 없습니다. 본 총서는 우리 기업의 발전과정에 대한 체계적인 연구를 통하여 선진외국으로부터 1950년대 후반부터 도입된 경영학과 경영기법들이 한국적 토양에 어떻게 정착되었는지를 고찰하고, 향후 지속적인 발전을 위한 학문적 연구 방법 및 한국기업경영의 방향을 모색하였습니다.

본 연구를 토대로 서울대학교 경영연구소는 명실상부 한국기업경영사연구의 중추적 역할을 수행하며, 대학과 연구소의 국제적 경쟁력과 위상을 높일 수 있을 것으로 사료됩니다.

본 연구는 2004년 3월부터 42명의 서울대학교 경영대학 교수와 외부기관의 박사급 이상의 연구원이 공동으로 연구를 하였고, 주제는 산업별 역사, 기업경영사, 기업정책의 변천사 등을 총망라하였습니다.

본 연구총서가 학문적으로 국내외에서 유용한 연구자료로 활용됨은 물론이고, 우리 기업의 성장과정을 직접 체험한 기성세대에게 있어서 기업의 성장 발전과정에 관한 지식을 체계적으로 전달하고, 차세대 젊은이들에게도 유용한 정보를 제공하여 미래 한국기업경영의 방향을 모색하는 데 유익한 자료가 되길 바랍니다.

끝으로 밤을 밝히며 연구에 매진하여 훌륭한 연구실적을 내기까지 노력과 수고를 아끼지 않은 저자 여러분과, 본 연구를 위하여 기꺼이 연구비를 출연하여 주신 SK그룹, 현대자동차그룹, 삼양사에도 심심한 감사를 드립니다.

2010년 5월

서울대학교 경영대학 학장

서울대학교 경영연구소 소장

:: 저자 약력

김성수

서울대학교 경영학과 졸업

미국 University of Chicago 경영학 석사

미국 University of California, Los Angeles (UCLA) 경영학 박사

1997-현재 서울대학교 경영대학 조교수, 부교수(전공분야: 인사조직)

수상

대한민국학술원 우수도서 선정, 2008

Mercer 최우수논문상(Mercer Award), 2004

한국인사조직학회 국제학술상, 2002

미국 경영학회(Academy of Management) 최우수논문상, 1997

저서 및 논문

「인적자원 아키텍쳐가 조직유효성에 미치는 영향」. 『노사관계연구』 13(2): 123-142. 2002.

「성과급 제도의 동향과 전망」. 『경영논집』 37(1): 29-44. 2003.

『전략적 인사관리』. 서울대학교출판부. 2006.

『한국기업 성과급제도의 변천』(공저). 서울대학교출판부. 2007.

「경영시스템의 변화와 혁신: Transformations of SK」. 『서울대학교 경영연구소 사례시리즈 2』. 우듬지. 2008.

『사원 만족도 관리 전략: 예스코의 변화관리』. 서울대학교출판부. 2009.

『한국 제약기업의 변화와 도전: 한올제약의 전략적 선택』. 서울대학교출판부. 2009.

서울대학교 경영연구소 기업경영사 연구총서

01 한국기업 배당정책의 변화 | 최도성 · 김성민
02 한국기업의 서비스 품질 평가제도 변천과정 | 이유재 · 라선아
03 한국 브랜드의 진화 및 발전 | 김재일
04 한국 백화점 역사 | 김병도 · 주영혁
05 한국 인터넷 기업의 변천사: 네트워크 경제의 실험과 형성 | 안중호 · 양희동 · 오상조 · 김은진
06 우리나라의 기업공시제도: 공정한 거래와 투명한 정보제공 | 윤계섭 · 허희영
07 한국 PC산업의 발전과정 | 김상훈 · 오정석
08 한국기업 해외직접투자 전략의 변천 | 이동기 · 박남규 · 조영곤 · 김동희
09 한국기업의 ERP 도입과 운영의 변천사 | 안상형 · 이창희 · 최강화
10 한국 팀제의 역사, 현황과 발전방향 | 박원우
11 기업세무전략에 대한 실증 | 정운오 · 박종일 · 박찬웅
12 한국기업의 특허전략 변화 | 송재용 · 신현한
13 한국기업 성과급제도의 변천 | 김성수 · 박찬희 · 김태호
14 한국 온라인게임산업의 발전과정과 향후 과제 | 노상규 · 위정현
15 한국 이동통신 서비스 및 단말기 산업의 변천과 발전방향 | 박철순 · 김성훈
16 우리나라의 회계감리제도 | 이창우 · 유재규 · 고종권
17 개성상인의 현대경영학적 재조명 | 주우진
18 한국 기업의 임금관리 | 최종태 · 박준성 · 이준우
19 한국 장수기업의 성공사례: 삼양사 기업경영사 연구 | 신유근
20 한국 전자산업의 마케팅 발전 과정 | 임종원 · 이한석 · 송상연
21 한국 기업의 인사평가 변천사 | 박오수 · 김기태 · 전병준
22 한국 자동차산업의 제품혁신 역사와 애프터마켓 | 김수욱
23 한국 기업의 경영 정보 시스템 변천사 | 장정주 · 권순동
24 한국 제약기업의 변화와 도전: 한올제약의 전략적 선택 | 김성수
25 사원 만족도 관리 전략: 에스코의 변화관리 | 김성수
26 한국기업의 경영사례 | 김수욱 · 이동기 · 조재호 · 김태웅 · 박재석 · 박지영 · 왕수봉 · 윤선흠 · 조정은